跨越修昔底德陷阱

王辉耀对话
格雷厄姆·艾利森
论中国与世界

王辉耀 编著

全球化智库（CCG） 译

目录

前言 VII
引言 XV

第一章　**再论修昔底德陷阱**　001
修昔底德如何理解伯罗奔尼撒战争爆发的原因？/ 修昔底德如何指导我们区分近因和结构性原因？/ 什么是"修昔底德陷阱"？/ 关于修昔底德陷阱的危险，历史经验告诉了我们什么？/ 修昔底德陷阱对 21 世纪的美中关系有什么意义？

第二章　**结构性变化**　013
中国"崛起"了吗？/ 中国成功减贫的意义是什么？我们可以从中学到什么？/ 你如何描述美中关

系的整体结构性发展趋势？/ 自美国赢得冷战以来，美中相对实力发生了什么变化？/ 崛起的中国如何影响到美国？/ 华盛顿对你的研究反应如何？你认为他们是愿意接受中国的崛起，还是不愿接受这种变化？

经济竞争　024

在理解美中竞争上，为何我们要关注经济指标如 GDP？经济实力和权力之间有什么关系？/ 近几十年，美国和中国的相对经济实力发生了什么变化？/ 中国的经济实力将在何时超过美国？衡量美中两国相对经济实力的最佳指标是什么？/ 以购买力平价计算，美国和中国的相对经济实力如何？/ 谁在贸易上占上风？美国退出多边自由贸易协定和中国加入《区域全面经济伙伴关系协定》等新贸易协定有什么影响？/ 中国的贸易规模可能超过美国，但美国跨国公司在实力上不是保有更大优势吗？/ 哪个国家吸引的外国投资最多？/ 中国经济的持续崛起是必然的吗？什么因素会导致中国偏离当前的增长轨道？/ 中国面临这些挑战，为何我们还认为中国经济能保持稳健的增长势头？

金融竞争　037

美元作为世界储备货币的地位稳固吗？人民币国际化进展如何？/ 中国在数字货币和金融科技方面的进步对美元的主导地位意味着什么？/ 美元的主导地位为美国带来了什么优势，其可以成为对抗中国的筹码吗？/ 两国在股市、银行和风险投资等其他金融领域相比如何？/ 中国的经济崛起对亚洲和其他地区意味着什么？

技术竞争　042

你如何比较如今美国和中国的整体科技实力？/ 未来 10 年，科技竞争将如何塑造两国关系和影响两国经济？/ 美中科技竞争一定是坏事吗？/ 为何人工智能如此重要？它对军事有什么意义？/ 美中当前的人工智能竞赛形势如何？/ 美国在人工智能竞赛中的优势如何？/ 美国在发展人工智能上面临何种挑战？/ 中国在人工智能竞赛中具有哪些优势？/ 哪个国家拥有人工智能人才优势？/ 未来 10 年，人工智能竞赛将如何展开？/ 在 5G 基础设施建设方面，两国进展如何？/ 美国在 5G 方面是否有优势？/ 领先的芯片公司英特尔、英伟达和高通等都是美国企业，这难道不能说明美国在半导体领域占据领先地位吗？/ 中国在半导体行业有哪些进展？中国能赶上美国吗？/ 美国阻止中国获得半导体的政策有何影响？/ 中国能否在半导体行业迎头赶上甚至领先？/ 2022 年《芯片法案》将给予美国芯片制造商超过 500 亿美元补贴，这将产生怎样的影响？/ 美中两国在绿色能源领域的相对优势是什么？/ 中国在绿色科技供应链的哪个环节拥有优势？/ 美国在绿色科技领域拥有哪些优势？/ 两国在人才培养方面情况如何？/ 中国拥有 14 亿的庞大人口，难道不是在人才上占了上风？/ 美国能否保持其吸引全球人才的能力？/ 美国和中国的研发支出相较如何？/ 哪个国家拥有更多专利、科技论文和创新企业？

军事竞争　069

美国的国防支出难道不是比中国的国防支出多得多吗？/ 如果以购买力平价来衡量，那么两国国防支出对比将发生什么变化？/ 人工智能和量子计算等前沿技术将如何影响军事力量的平衡？/ 中国在太空探索和太空科技方面的进步有什么意义？

外交竞争　074

你如何定义外交？/ 外交的关键要素是什么？/ 当前美国和中国的外交网络能否分出高下？/ 两国在高级官员访外方面情况如何？/ 中美在国际组织中的存在和行为如何变化？/ 你如何评价美国和中国外交实力平衡的变化？/ 目前其他发达国家如何看待两国？/ 美中两国软实力相较如何？

国际秩序的未来　079

如果单极秩序结束，取代它的将是什么秩序？这将如何影响美国在世界上的角色？/ "势力范围"是什么意思？/ 进入 21 世纪后，"势力范围"发生了什么变化？/ 在新的多极世界中，全球化的未来将如何演进？/ 尽管竞争激烈，但为何美国和中国"注定要共存"？

第三章　**中美真的"注定要有一战"吗　087**

如果我们仔细观察今天的美中关系，那么它与"修昔底德陷阱"模式有相似之处吗？/ 中美会梦游般地走向战争，跌跌撞撞地走上 20 世纪初德国和英国的老路吗？/ 中美之间的战争是不可避免的吗？/ 哪些因素可以引发导致战争的修昔底德动态？/ 美中领导人将如何防止修昔底德陷阱发生和降低导致战争的可能性？/ 中美之间的意识形态分歧能否得到控制？还是更有可能加剧？/ 美中在哪些方面相似？在哪些方面根本不相容？/ 中国想要什么？中国想取代美国在亚洲的地位吗？/ 中美正在"冷战"吗？/ 中美会脱钩吗？/ 如果双方都明白战争没有意义，那么修昔底德动态还会导致战争吗？/ 面临共同威胁能降低战争发生的可能性吗？/ 新冠疫情如何改变了美中关系的进程？/ 乌克兰战争对美中关系意味着什么?

通向战争之路　111

历史告诉我们,一旦修昔底德陷阱的条件形成,战争是如何开始的? / 美中冲突的潜在导火索是什么? / 是什么使台湾成为潜在的危险因素? 如何降低这种风险? / 第三方因素真的会导致美国和中国开战吗? / 经济冲突会导致热战吗?

第四章　**跨越陷阱的方法**　121

认识和接受结构性现实　125

要避免战争,美中应从何处着手? / 要跨越修昔底德陷阱,我们需要什么心态?

应用历史学的价值　128

什么是"应用历史学"? 它如何帮我们避免战争? / 美国总统如何利用应用历史学来做出更明智的决定? / 在利用应用历史学方面,我们可以从亨利·基辛格那里学到什么?

重新定义中美关系　131

在跨越修昔底德陷阱上,中国历史上有哪些案例可供借鉴? / 美国历史上有哪些可供借鉴的模式? / 肯尼迪所说的一个

"安全的多元化世界"是什么意思？/肯尼迪最初是一个坚定的"冷战战士"，为什么会彻底转变立场？/肯尼迪的见解对于今天的美中关系有什么借鉴意义？/中国的"新型大国关系理论"能够找到跨越修昔底德陷阱的方法吗？/美中两国如何借助共同利益来重新定义双边关系？/可以采取哪些具体行动来重新定义双边关系？/美中两国真的有可能在竞争的同时合作吗？

冷战中可供借鉴的经验　140

如何避免高层倦怠导致的危险？

后记——超越修昔底德陷阱　147

在中美关系中，我们还应该注意哪些陷阱　147

修昔底德滥觞？中国历史上的其他案例　149

回顾过去，展望未来　155

关于 CCG　157
关于《CCG 对话全球》　159
注释　165

前言

谈到中美关系，几乎没有人不知道"修昔底德陷阱"这一术语。这一历史隐喻已经成为人们研究中美关系时无法回避的概念，也是引用最多的框架之一。2023年10月9日，中国国家主席习近平在北京人民大会堂会见美国国会参议院多数党领袖舒默率领的美国国会参议院两党代表团时指出，中方始终认为，中美共同利益远远大于分歧，中美各自取得成功对彼此是机遇而非挑战。"修昔底德陷阱"并非必然，宽广的地球完全容得下中美各自发展、共同繁荣。

"修昔底德陷阱"这一概念最早是由美国军事作家赫尔曼·沃克在1980年所作的一次演讲中提出的，主要是针对美苏冷战的一种文学"隐喻"

和"警示",当时并未引起较大的重视和反响。[1]后来,哈佛大学教授格雷厄姆·艾利森发展了这一概念,并在世界范围内产生了广泛的影响。艾利森是世界知名的政治学家,在美国战略和国家安全思想领域颇具影响力。他的研究范围包括核武器、俄罗斯、中国,以及政策制定。艾利森在哈佛大学任教50多年,是哈佛肯尼迪政府学院创始院长[2]和贝尔弗科学与国际事务中心(以下简称贝尔弗中心)前主任。他还曾在美国政府中担任多个高级职位,包括里根政府的国防部长特别顾问和克林顿政府的助理国防部长。

2010—2011年,我在哈佛大学肯尼迪政府学院做高级研究员时,第一次见到艾利森教授。自那以后,我有幸与他进行了多次深度对话和交流。我们多次在哈佛大学、慕尼黑安全会议(以下简称慕安会)、中国发展高层论坛等各种场合见面。我曾邀请他和劳伦斯·萨默斯[3]到CCG(全球化智库)北京总部演讲,艾利森也曾在哈佛大学肯尼迪政府学院接待我。在

---

[1] 转引自黎海波、宋瑞芝:《"修昔底德陷阱":认识误区与战略应对》,载《现代国际关系》,2017年9月刊,第14—21页,70页。——译者注

[2] 哈佛大学肯尼迪政府学院的前身为哈佛大学公共行政研究生院,创立于1936年,因纪念遇刺的肯尼迪总统而改名。格雷厄姆·艾利森在1977—1989年担任院长,将学院的规模扩大了20倍,缔造了现代的肯尼迪政府学院。——译者注

[3] 美国前财政部长。——译者注

新冠疫情防控期间，虽然面对面的交流遇到阻碍，但我们的线上交流并没有中断。他热情地参加了我主持的《CCG 对话全球》系列节目的两次线上讨论，这两次对话通过视频面向全球播放，吸引了数百万人次观看和讨论。在中国结束新冠疫情管制后，艾利森再度到访中国，我们共同参加了中国发展高层论坛、博鳌亚洲论坛并展开交流。2023 年 7 月 31 日，为圆满完成这本意义重大的作品，我赴美国时专程到哈佛大学肯尼迪政府学院拜访他，我们就中美关系、大国竞争与全球化的未来等话题进行了深度交流。

自结识他以来，艾利森教授对于一些话题的远见卓识、历史视角和清晰的分析一直启发着我，这些话题随着地缘政治紧张局势的加剧而受到越来越多的关注，每次我们交流时，我都能学到新东西。在 2023 年慕安会期间，CCG 以"绿洲还是幻影：中美气候合作关系分析"为题举办官方边会，来自中国、美国、欧洲和全球南方国家的 40 多位外交官、政策顾问和资深研究者与会，致力于从气候外交的角度审视中美双边关系，讨论减少地缘政治摩擦的解决方案和探索合作领域。艾利森参加了边会并进行了主旨发言。他指出，中美关系除了有竞争，还应有更多的合作。他强调，中美之间产生竞争是难以避免的，因为中国的崛起挑战了美国的霸权地位。然而，他认为，合作与竞争是可以同时存在的，并建议双方给予合作同等重视，甚至更多重视。在气候问题上，中美合作是双方出于对生存的考虑，但若中美之间发生大规模的战争，后果将是灾难性的，甚至涉及人类存亡。他呼吁，中美双方应冷静下来避免冲突，和平对话、公平竞争，并寻找更多合作机会。

在我写下这些文字时，学者和政策制定者越来越担忧中美关系的动态与未来。中美关系可以说是 21 世纪最重要的双边关系，这两个大国能否和谐相处，不仅关系到本国的经济与社会发展，而且对全世界的安全、和平与繁荣也有着重大影响。无论是从影响力还是从实力来看，中国和美国都是超级大国，分别代表着发展中国家和发达国家。世界需要美国与中国合作来应对全球性挑战和阻止另一场冷战。然而，中美能否和平共处仍然是一个问题。

格雷厄姆·艾利森的著作《注定一战：中美能避免修昔底德陷阱吗？》（以下简称《注定一战》）探讨了这个问题，警告我们看似稳定的世界秩序存在分崩离析的危险，即使维护这个秩序符合所有人的利益。这是他对世界的巨大贡献。不幸的是，自该书出版以来，随着跨太平洋紧张局势的加剧，艾利森教授的警告似乎更加具有预见性和重要性。今天，"修昔底德陷阱"这个术语几乎被每一个国际关系学生和从业者，以及每一个研究中美关系的学生和观察者知晓。然而，尽管这个术语经常被引用，但人们仍对其真正的论点和含义存在极大的误解。

对中国人和美国人来说，对地缘政治和重塑我们世界的变化进行冷静、客观的分析，并对对方如何看待世界进行细致入微的了解，从未像现在这样重要过。在这方面，我想没有人能比艾利森教授提供更好的指导了。

美国作家马克·吐温曾经说过："历史不会重演，但总是惊人的相似。"这句常常被引用的至理名言与修昔底德陷阱蕴含的信息相吻合。一些人错误地声称，历史模式已经定型，中美之间必定要有一战。艾利森在《注定一战》中总结了过去500年中16个他认为可以归为"修昔底德陷阱"的案例，其中12个案例走向战争。他指出，历史经验一再表明，当一个崛起国威胁到守成国的主导地位时，就会引发战争风险。他的理论引起了广泛讨论，也受到许多质疑。他在分析美国与中国的情况时，显然是从美国立场出发的，对中国民族性的判断也是基于西方一些汉学家的论述而非对中国历史与文化的全面研究。他将西方大国的案例套用在中国这个拥有与西方国家截然不同的历史发展进程和文化传承的东方国家身上，未免会存在偏离实际的问题，容易造成误导。因此，"修昔底德陷阱"值得研究和借鉴，但将其简单地套用在中美关系上则会背离现实。不过，历史的警钟长鸣，值得我们永远敬畏。

我们认为，中美之间是可以避免"修昔底德陷阱"的，这是因为第二次世界大战后的世界历史发展与之前有着根本差异。首先，战后世界维持了相当长时间的相对和平；在此期间，经济空前繁荣，科技快速发展，财富大幅增加，美好的生活对人数最广大的普通人来说不再遥不可及，而战争会破坏这一切，因此是违背人们意愿的。其次，世界上出现了多个有核国家，核武器大国一旦发生战争，"相互保证毁灭"的机制将荡平我们这个地球，因此核战争是打不得的，也是打不起的。最后，经济全球化发展到今天，各国早已形成"你中有我、我中有你"的局面，可以说是"一荣俱荣、一损俱损"，而迷信"陷阱不可避免"进而挑起战争，只会造成"杀敌八百、自损一千"的结果。

　　事实上，艾利森并不是要通过"修昔底德陷阱"宣扬宿命论，他的本意是呼吁我们采取行动，敦促我们采取积极主动的措施来避免历史上多次发生的悲剧性结果。他在《注定一战》中介绍了4个没有走向战争的案例，并提出了避免落入陷阱的"12个方法"，这是非常有现实意义的。修昔底德陷阱中蕴含的智慧激励着我们智库，以及太平洋两岸的许多其他组织、学者、智库代表、政策制定者和商界领袖，为中美和谐相处而努力，我们认识到竞争并不必然意味着冲突，而中美两国的命运在根本上是紧密联系在一起的，就像艾利森对我所说的"不可分割的连体双胞胎"那样。

　　我希望，这本书能够让更多中国读者了解艾利森的观点，在这个面临气候变化、大流行病和核武器等跨国威胁的时代，为帮助人们理解中美关系的现实，认识到两国关系既有竞争又有合作、并不总是零和博弈而贡献绵薄之力。这正是我们为本书取名"跨越修昔底德陷阱"的初衷。

本书中文版的顺利面世，离不开中信出版集团的大力支持，在此我感谢参与本书出版过程的所有出版负责人和编辑老师，也要感谢本书译者团队的两位同事李衍（翻译中文初稿）和任月园（审定全书译稿）。

好消息是，由于格雷厄姆·艾利森和该领域其他专家的努力，两国现在都清楚地认识到修昔底德动态及其危险。然而，我们还没有制订一个可行的计划来摆脱"历史的窠臼"。这正是我们下一步的工作。艾利森在 2018 年 TED（技术、娱乐、设计）演讲结束时提醒我们，现在需要我们根据历史发挥想象力和创造力，因为最终只有那些拒绝从历史中吸取教训的人才注定重蹈覆辙。

王辉耀

博士、教授、

全球化智库（CCG）创始人、理事长

2023 年 12 月于北京

引言

陷阱已就位

2012年8月,《金融时报》发表了格雷厄姆·艾利森的文章《修昔底德陷阱已在太平洋地区出现》。[1] 在这篇文章中,这位哈佛学者认为,美中能否避免修昔底德陷阱是"未来几十年对全球秩序有决定性影响的问题"。

那时,艾利森已经花了相当长的时间来发展"修昔底德陷阱"概念——一个崛起大国与占据统治地位的守成大国竞争主导权,这种竞争最终可能导致战争。

2013年6月7日,在习近平主席和奥巴马总统举行中美元首会晤前夕,艾利森在《纽约时报》上发表了另一篇关于修昔底德陷阱的文章《奥巴马和习近平必须全面考虑问题以避免陷入经典陷阱》。[2] 彼时,这篇文章吸引了两国领导人的注意。

2013年11月，在人民大会堂会见21世纪理事会北京会议外方代表时，习近平主席表示："我们都应该努力避免陷入'修昔底德陷阱'。"³

2015年，习近平主席在西雅图发表演讲时表示，世界上本无"修昔底德陷阱"，但大国之间一再发生战略误判，就可能自己给自己造成"修昔底德陷阱"。①⁴

随着中美关系日渐紧张，艾利森继续拓展他的观点并分享他的思考。2015年9月，他在《大西洋月刊》上发表了《修昔底德陷阱：美国和中国在走向战争吗？》一文，论述称这个陷阱的历史隐喻为阐明今天的中美关系提供了最好的视角。⁵ 这篇文章在2015年习近平主席和奥巴马总统举行中美元首会晤之前发表，两位元首在会晤中详细讨论了"修昔底德陷阱"。奥巴马强调，尽管中国崛起造成了结构性压力，但"两国能够管控好分歧"。同时，他们都赞同"但大国之间一再发生战略误判，就可能自己给自己造成'修昔底德陷阱'"。⁶

自那以后，随着中国的持续发展、美国国内政治的发展趋势和意外事件的出现以及地缘政治的动荡，不断发展的中美关

---

① 参见习近平在华盛顿州当地政府和美国友好团体联合欢迎宴会上的演讲（2015年9月22日，西雅图），http://www.xinhuanet.com/world/2015-09/23/c_1116656143.htm。——译者注

系成为全球关注的焦点，修昔底德陷阱成为世界各地专家评论和分析两国关系时使用的主要词语。2016年特朗普当选美国总统后，随之而来的贸易摩擦和两个大国之间的关系日益紧张，令修昔底德陷阱这个概念更加流行，受到广泛讨论。

注定一战？

2017年，《注定一战》一书英语原版出版，对修昔底德陷阱这一概念进行了长篇阐述和拓展。这本书为艾利森教授提供了更多空间，便于他解释自己观点的背景和详细阐释哈佛大学修昔底德陷阱项目一直在开发的案例档案，以从档案中已有的历史上16个崛起国家挑战守成大国的案例中吸取教训（其中12个案例最终走向战争）。该书用一整章讲述古希腊时期斯巴达和雅典的冲突，以及第一次世界大战期间英国和德国的冲突。书中还描述了修昔底德陷阱项目的其他案例：20世纪中期的日美冲突（始自1941年12月日本袭击珍珠港）；19世纪末和20世纪初日本与俄国和中国的冲突；19世纪中期德法之间的冲突（俾斯麦借此实现了统一德国的抱负）；17世纪中晚期英格兰与荷兰共和国之间的战争；16世纪上半叶日益壮大的哈布斯堡王朝与强大的法国之间的战争。重要的是，在该书中，艾利森还提出了从历史经验中总结出的"12个方法"，以帮助美国和中国避免战争。探讨和让更多人了解如何避免冲突的实用方案在《注定一战》出版后成为艾利森工作的中心。

自《注定一战》出版后，艾利森教授一直在努力，使自己的思想能够被更多人了解。他在世界各地开展讲座，在《外交事务》《外交政策》《金融时报》《国家利益》《今日美国》和《华尔街日报》等主要出版物上发表大量的文章。2018年9月，艾利森教授在纽约的TED世界剧院登台，发表了题为《中美是否不可避免地要发生战争？》的演讲，这场演讲是TED"我们缔造的未来"活动项目的一部分，该项目旨在探讨全球最严峻的挑战和寻求可能的解决方案。艾利森教授的演讲已成为TED国际关系演讲中最受欢迎的演讲之一，在TED官方网站上的播放量超过450万次，在TED的YouTube（优兔）频道上的播放量达到250万次。

修昔底德陷阱的影响

修昔底德陷阱概念的影响怎么强调都不为过。如上文所述，早在《注定一战》出版之前，修昔底德陷阱就已经成为华盛顿和北京的政策制定者理解两国关系的一个重要框架。早在

2012年，时任美国参谋长联席会议主席马丁·邓普西就表示："我认为我作为主席和高级领导人顾问的工作内容之一是帮助避免修昔底德陷阱。我们不希望对崛起中的中国的恐惧导致战争难以避免，因此我们将避免修昔底德陷阱。"[7]

对《注定一战》的赞誉说明了该书在资深政策制定者中的影响力，它就像一本美国外交政策名人录。[8] 乔·拜登表示："格雷厄姆·艾利森是最敏锐的国际事务观察家之一。他始终将自己对历史潮流的深刻理解带入今天最困难的挑战中，并使我们所处的最艰难的外交政策困境能够被专家和普通民众理解。"拜登总统与格雷厄姆·艾利森相识数十年，在担任参议员、副总统时期以及现在的总统任上，都经常征求他的意见。为该书写推荐语的人还有库尔特·坎贝尔，他现任美国国家安全委员会印太事务协调员，还被提名为美国常务副国务卿，是美国对华政策的主要构建者。坎贝尔称该书"对每个思考中国及其与世界关系的外交官、金融家和商界人士来说，都是一本必读之书，甚至是一本绝对不能错过的书"。萨曼莎·鲍尔也赞誉了该书，她现在担任拜登政府的美国国际开发署署长。其他推荐人包括美国前国务卿亨利·基辛格，澳大利亚前总理、美国亚洲协会政策研究所所长陆克文，世界经济论坛创始人兼执行主席克劳斯·施瓦布等知名人士。联合国前秘书长潘基文曾表示："格雷厄姆·艾利森一直是我学生时代和担任外交官时期的灵感之源。"黑石集团主席和首席执行官苏世民仿照牛津大学的罗德奖学金项目，在 2016 年设立苏世民学者项目。黑石集团与清华大学一起募集了 4.35 亿美元。苏世民将该项目的使命设定为帮助亚太地区避免修昔底德陷阱。[9]

在特朗普总统任期内，随着世界两大经济体之间的摩擦升级，修昔底德陷阱这个概念在全球范围内受到重视。2018 年 12 月，修昔底德陷阱被《金融时报》选为"年度关键词"，首席外交事务评论员吉迪恩·拉赫曼指出，这个概念正在引发更加广泛的公众讨论，已经引起了华盛顿和北京领导人的注意。[10] 从印度到马来西亚、菲律宾、新加坡，全亚洲的评论员都在讨论这个概念，大多数人都认识到了这一概念的重要性，并表态希望能够避免其警告的战争风险。在澳大利亚，麦肯·腾博在 2015—2018 年总理任期内多次提到修昔底德陷阱，包括公开呼吁中国不要陷入修昔底德陷阱。[11]

中国人如何看待"修昔底德陷阱"

除了对华盛顿的外交政策辩论产生重大影响外，艾利森教授的观点在中国也受到广泛讨论。这也许并不奇怪，因为修昔底德陷阱恰好概括了许多中国政策制定者和学者自 21 世纪 10

年代开始努力应对的挑战。

例如，修昔底德陷阱概念与胡锦涛主席在 2011 年首次提出的"发展新型大国关系"有相似之处。在 2012 年 5 月举行的第四轮中美战略与经济对话中，胡锦涛主席阐述了中美共同发展新型大国关系的重要性，这种关系可以让两国人民放心、各国人民安心。胡锦涛主席表示，要"打破历史上大国对抗冲突的传统逻辑，探索经济全球化时代发展大国关系的新路径"[12]。习近平主席继续使用和拓展了新型大国关系这个概念，特别是在 2013 年与奥巴马总统在安纳伯格庄园的会晤上。双方领导人对避免修昔底德陷阱这一战略达成了共识，因为它契合了调整中美关系的需求。"新型大国关系"为讨论这种调整可能带来的结果，以及 21 世纪的中美关系与过去的大国关系有哪些不同提供了一个框架。

在接受《环球时报》英文版采访时，艾利森教授指出，习近平主席呼吁建立新型大国关系的原因之一是他十分了解大国竞争的古老模式往往导致战争。[13] 艾利森提到，中国领导层也对《注定一战》一书中分析的案例进行了研究，并有意提出解决方案，以避免当崛起大国威胁到守成大国的主导地位时通常会发生的战争。[14]

修昔底德陷阱已在中国学术圈和政策决策圈被广泛分析和讨论，而在 2019 年《注定一战》中译本面世后，更多人对其展开了研究。在中国知网上以这一概念为关键词检索，结果显示已有 300 多篇相关文章发表在各种中国学术期刊上。[15] 阎学通、王缉思和郑永年等诸多知名专家学者都评论了修昔底德陷阱这一概念。

修昔底德陷阱也是中国学者与美国和其他国家学者进行研究和辩论的一个有益起点。例如，中国学者张春满、蒲晓宇、张飚、韩召颖为 2019 年 3 月出版的《中国政治学刊》特刊《中美能否避免修昔底德陷阱》供稿。在那一期中，这些中国学者与美国和其他地区的同行探讨了修昔底德陷阱的理论机制和政策含义，大多数人认为，这个概念为研究中美关系提供了一个有用的视角。[16]

修昔底德陷阱这一概念得到中国分析家认同的部分原因也许是，它不像西方学者制造的其他可能被描述为渲染"中国威胁论"的概念那样质疑中国崛起的道德后果，也没有将紧张局势仅仅归咎于中国。当然，艾利森的著作是站在美国/西方立场上的，他在分析中自然会把美国的利益和西方价值观放在第一位。他的论述和对中美关系看法的某些方面可能会引起争议，但毫无疑问，他为了解中国、中国的观点和利益做出了努力。在《注定一战》一书中，艾利森用了几章来探讨中国的立场，讨论中国崛起和国家发展的合理性——并不是所有美国作家都能在讨论中美关系的书中做到这一点。

当然，并不是所有的中国专家都认同格雷厄姆·艾利森的假设和结论。然而，无论中国学者是支持、借鉴、改造还是反驳修昔底德陷阱，抑或是提出另一种更加适用的框架，修昔底德陷阱这个理论都已经产生了极大的影响力，并促进了关于如何为中美关系发展制定一个和平路线的研究和讨论，这是一个巨大的贡献。

艾利森的教育背景与事业

虽然艾利森教授在中国主要是因修昔底德陷阱概念的广泛流传而被人熟知，但读者应该了解该论点只是他在该领域的许多重要贡献之一。在专研中美关系和修昔底德陷阱的危险之前，艾利森教授已被公认为是美国政治学家中的佼佼者，在学术界和政界都有着辉煌的职业生涯。

艾利森博士在北卡罗来纳州的夏洛特市出生和长大。他就读于戴维森学院，之后在哈佛学院（Harvard College）求学，于1962年毕业，获得历史学学士学位。他以马歇尔学者的身份在牛津大学读书，1964年完成哲学、政治学和经济学的本科和硕士课程。之后，他回到哈佛大学（Harvard University）继续求学，1968年获得政治学博士学位。自那时起，格雷厄姆·艾利森教授在哈佛大学从教50多年，现为道格拉斯·狄龙政府学教授（Douglas Dillon Professor of Government）。在执教的同时，艾利森教授还是一位声誉卓著的美国最重要的国家安全分析家，特别关注核武器、俄罗斯、中国和决策问题。

艾利森还著有多本畅销书。作为一名政治学家，他最有名的著作也许是他的第一本书《决策的本质：还原古巴导弹危机的真相》。这本书是他在博士论文的基础上写就的，被认为是该领域的经典之作，销量超过50万册，彻底改变了政治学和其他领域的决策研究。该书阐述了3种决策模式：模式一——理性行为者模式，催生了政治学中的理性选择学派；模式二——组织行为模式；模式三——政府政治模式。通过阐述这3种模式和解释因果关系如何导致理性个体不会选择战争，该书为如何看待核武器提供了新思路。[17]

艾利森教授已出版的其他著作包括《核恐怖主义：可预防的终极灾害》，该书入选《纽约时报》"2004年度最值得关注的100本书"。2013年，艾利森的著作《李光耀论中国与世界》出版，在美国及其他国家都很畅销。艾利森教授表示，在对中国、地缘政治和更广大的战略的思考上，李光耀对自己有很大的影响。

在学术工作之外，艾利森在培训对外政策制定者和研究者、建立为外交政策界服务的机构方面都产生了重大影响。他于 1977—1989 年担任哈佛大学肯尼迪政府学院的创始院长。肯尼迪政府学院培训了几代政策制定者。根据中国国务院发展研究中心、清华大学与哈佛大学肯尼迪政府学院在 2002 年签订的协议，许多中国政府官员也在那里接受培训。

1995—2017 年，艾利森教授担任肯尼迪政府学院贝尔弗中心主任长达 22 年，他的继任者是美国国防部前部长阿什顿·卡特。在艾利森担任主任期间，贝尔弗中心成为哈佛大学卓越的外交政策、国家安全及科学技术研究中心，一个拥有世界一流思想家和行动者的富有影响力的中心。贝尔弗中心曾连续多年被宾夕法尼亚大学评为全球顶级大学智库。[18] 贝尔弗中心的研究领域和项目涵盖一系列与国家安全和外交政策相关的重要问题，包括网络安全、数字民主、核扩散、外交和恐怖主义，美国与俄罗斯、中国和中东的关系，以及与能源、创新和气候变化相关的挑战。该中心还因整合了来自一系列领域和学科的研究和洞见而知名，包括社会科学家、自然科学家、技术专家以及政府、外交、军事和商业领域的从业人员的研究。多年来，贝尔弗中心吸引了一大批科学和安全领域的明星专家，除了前主任阿什顿·卡特之外，还包括埃胡德·巴拉克、艾伦·贝尔辛、约翰·卡林、詹姆斯·克拉珀、约翰·霍尔德伦、劳拉·霍尔盖特、道格拉斯·卢特、丽莎·摩纳哥、欧内斯特·莫尼兹、萨曼莎·鲍尔、迈克·罗杰斯、埃里克·罗森巴赫、杰克·沙利文和乔恩·沃尔夫斯塔尔。

对这本书而言，贝尔弗中心最重要的贡献也许是其编写了许多关于中美关系的报告。后面的章节引用了这些报告以及艾利森教授主持的修昔底德陷阱项目的内容，该项目对修昔底德陷阱这一论点进行了深入研究，包括在过去 500 年中崛起大国威胁守成大国主导地位的案例档案。除了《注定一战》一书中使用的 16 个案例，该项目第二阶段正在审查其他可以纳入的案例，并已邀请各方对案例档案进行反馈。

艾利森在哈佛大学之外的工作

除了在哈佛大学任职之外，艾利森还曾担任高等研究中心研究员（1973—1974 年）、兰德公司顾问、美国对外关系委员会成员、布鲁金斯学会外交政策研究访问委员会成员（1972—1977 年）以及三边委员会成员（1974—1984 年，2018 年）。

除了通过学术和智库工作推动形成辩论外，艾利森教授也曾在政府中担任多个职位，包括在 20 世纪 60 年代担任五角大楼的顾问和咨询师，从而深度介入美国的安全政策和外交政策制定。自 1985 年以来，他一直是国防政策委员会咨询委员会的成员。艾利森教授曾在里根总统时期担任国防部长特别顾问（1985—1987年），在克林顿总统时期担任负责政策和计划的助理国防部长（1993—1994年），协调了对苏联的战略和政策。克林顿总统因艾利森在"重塑美国与俄罗斯、乌克兰、白俄罗斯及哈萨克斯坦的关系，减少苏联核武库"方面的贡献而授予其美国国防部卓越公共服务奖章。

在私人部门领域，艾利森教授曾担任盖蒂石油公司、法国外贸银行、资产管理公司 Loomis Sayles、Hansberger 公司、陶布曼中心、Joule Unlimited 公司和石油天然气公司 Belco 的董事，以及大通银行、化学银行、魁北克省水电公司和国际能源公司咨询委员会的成员。

CCG 与艾利森教授的交往

CCG 的使命之一是在中国与世界之间搭建起一座桥梁。每年，CCG 都会在北京总部邀请世界各地的众多演讲者发表演说。CCG 还致力于为加强中外学者、商界领袖、决策者和青年人的对话搭建各种专门渠道和平台，包括年度论坛、研讨会和品牌活动，如"中国与全球化论坛""中国企业全球化论坛"等。CCG 代表也频繁参与国际活动，与来自世界各地的人士交流观点。

近年来，通过这项工作，我有机会与格雷厄姆·艾利森进行了几次深入讨论，本书详细地引用了这些讨论。2019年3月22日，艾利森在CCG北京总部举办的2019哈佛大学中国校友公共政策论坛上发表了《如何避免修昔底德陷阱》的演讲。新冠疫情发生后，CCG转为在线上举办活动。2020年11月19日，艾利森参加了CCG举办的第六届中国与全球化论坛线上研讨会，时值美国政府换届，艾利森发表了他对"美国大选及其对中国和世界的影响"的见解。此后，艾利森非常积极地参加了我主持的《CCG对话全球》系列节目的两次线上深度讨论。2021年4月6日，艾利森与我、中国人民大学国际安全与战略研究中心主任李晨进行了一场讨论，题为"再论修昔底德陷阱：中美关系展望"。2022年3月3日，艾利森和我又进行了一场关于"大国关系的未来：中美将如何共存？"的讨论。2023年2月18日，CCG在慕安会上以"绿洲还是幻影：中美气候合作关系分析"为题举办官方边会，艾利森在会上进行了主旨发言。2023年7月31日，我赴美国时专程到哈佛大学肯尼迪政府学院拜访他，我们就中美关系、大国竞争与全球化的未来等话题进行了深度交流。

我们衷心感谢艾利森愿意参加CCG组织的这些活动，并非常重视他多年来与我们分享的见解。本书的编撰灵感和材料来自我与他之间多次深入的线上对话，他在 CCG 总部的演讲和交流，他参加 CCG 在慕安会上举办的论坛时的发言，2023年夏天我与他在哈佛肯尼迪政府学院的深入交流和探讨，以及他最近一两年的一些新思想。在本书中，我设计了许多我关注的热点问题，以问答的形式来呈现艾利森教授的观点，并尽力公平和准确地表达他的思想和意图。但需要指出的是，本书中每一个具体提问的答案不应被视为艾利森教授给出的全部或最终回答。

本书宗旨

如上所述，格雷厄姆·艾利森的工作已经引起了相当大的关注，尤其是自《注定一战》一书出版以来。自那以后，随着中美关系因贸易争端、新冠疫情、台湾问题等因素而变得越来越复杂，艾利森教授在中美关系方面所做的工作的重要性越发凸显，也引发了政策制定者、研究人员和年轻读者的更大兴趣。

修昔底德陷阱已经成为海内外决策层和广大公众理解中美关系时广泛引用的一个框架。然而，许多读者对修昔底德陷阱和艾利森教授关于中美关系的广泛研究仍不熟悉，对该论点及其影响只有肤浅或不准确的理解。

例如，一个常见的误解是，根据修昔底德陷阱声称的崛起大国和居于主导地位的守成大国之间的战争是"不可避免的"，推断出美国和中国之间的战争是"不可避免的"。艾利森已经花了一些时间反驳这个"稻草人谬误"，并将其收入《注定一战》一书的附录中。他指出，在案例档案中的16个案例中，4个没有走向战争。与其说修昔底德陷阱声称中美之间注定要有一战，不如说该论点警告人们大国之间爆发战争是存在可能性的，因此这意味着我们有责任共同努力来避免这种不可想象的可能性。然而，在公众关于修昔底德陷阱的讨论中，这种对艾利森教授观点的误解，以及其他几种误解一直存在。因此，本书的首要目的是以易于理解的形式向更多读者介绍修昔底德陷阱的含义，并澄清一些对艾利森教授观点的误解。

本书的第二个主要目的是，在艾利森教授自《注定一战》出版以来发表的文章、演讲和采访的基础上，更新其对修昔底德陷阱的论述和对中美关系的分析。特别是自艾利森教授在2017年的著作中对战争的风险做出有说服力的论证后，他花费了大量的精力寻求避免战争、"跨越陷阱"的方法。在本书中，我们希望总结艾利森教授近期的工作及其迄今为止提出的避免战争的方法，以便政策制定者、学者和学生学习、思考和讨论。

本书内容

本书第一章至第三章引用了艾利森关于修昔底德陷阱、中美关系及相关话题的演讲、文章、采访和讨论的部分内容。如前所述，本部分内容涵盖了他与我在 2019 年、2021 年、2022 年和 2023 年所进行的 4 次深入对话和讨论。本书还引用了《注定一战》中的部分内容，以及贝尔弗中心编写的、由格雷厄姆·艾利森主持的重要研究《伟大的竞争：21 世纪的中国与美国》（以下简称《伟大的竞争》）系列报告的部分内容。贝尔弗中心欣然同意我们在本书中使用这些内容。在时间线上，大部分引文选自艾利森教授在《注定一战》（2017）出版后到 2022 年夏天这段时间的发言和文章，少数引文来自 2012 年的资料。

为了使艾利森教授的观点易于理解，我们以问答的形式呈现引文，灵感来自格雷厄姆·艾利森在其 2013 年的著作《李光耀论中国与世界》中采取的形式。直接引自艾利森的内容作为回答列在文中，而作者的补充评论则用不同字体表示，以使文章清晰。

本书按主题划分章节。第一章"再论修昔底德陷阱"向读者介绍了修昔底德陷阱这个大概念的基本前提，回答了谁是修昔底德，他如何理解战争的起因、近因与结构性因素之间的区别,什么是"陷阱"以及它如何导致战争,修昔底德陷阱的历史教训有哪些,修昔底德陷阱对21世纪的中美关系有什么意义等问题。

第二章"结构性变化"探讨了影响中美关系的深层结构性因素,特别是自冷战结束、单极世界形成以来中美的相对实力变化。本章借鉴了艾利森教授团队参与的贝尔弗中心"避免大国战争"项目的部分研究,引用了艾利森教授对中美两国力量平衡和关键竞争领域的现状和趋势的评估,即经济、金融、技术、军事和外交。本章的最后一部分探讨了艾利森教授关于这些结构性变化对国际秩序和中美在国际秩序中角色的影响的观点,包括"单极世界"时代之后的形势,"势力范围"的回归,全球化的未来,以及为何中美"注定要共存"。

第三章"中美真的'注定要有一战'吗"超越了前述章节论述的影响双边关系的结构性因素,深入探讨了双方之间真实存在战争的可能性这个问题,尤其是在双方都不想发生战争的情况下。本章介绍了艾利森教授对双边竞争状态的看法;可能影响战争概率的因素,如人性、野心和意图,以及文化和政治因素;"通往战争的途径"——可能导致美国和中国发生军事冲突的一系列事件。

第四章"跨越陷阱的方法"撷取了艾利森关于中美如何才能避免修昔底德陷阱和爆发大国战争的观点和意见。在寻找

"跨越陷阱的方法"的过程中，格雷厄姆·艾利森再次求诸历史，为如何防止战争发生提供灵感，包括深入研究中国历史和他擅长的冷战领域，来寻找美国和中国领导人在寻求重新定义双边关系和防止冲突发生时可以借鉴的经验。

最后，本书以"超越修昔底德陷阱"结尾，指出了其他一些"陷阱"和历史案例，这或许能够为中美关系制定和平的发展路线提供参考。

第一章
再论修昔底德陷阱

正是雅典的崛起以及由此引发的斯巴达的恐惧，致使战争不可避免。

只要人性不变，历史就会不断重演。

——修昔底德

在西方，修昔底德被视为"历史科学之父"。他曾是雅典城邦的一名将军，写下了《伯罗奔尼撒战争史》，该书被许多西方学者认为是有史以来第一部历史书。伯罗奔尼撒战争爆发于公元前5世纪，交战双方是雅典和斯巴达。这场战争毁灭了修昔底德的祖国，后来几乎毁灭了整个古希腊，摧毁了古希腊的两个主要城邦。

修昔底德目睹了他的家乡雅典崛起，挑战当时希腊的主导力量——斯巴达这个尚武的城邦。他观察双方的敌对行动，描述了争斗的可怕代价。他没能活着看到战争的结束。然而，这对修昔底德来说可能是件好事，因为最后斯巴达打败了雅典。

艾利森教授写到，修昔底德是历史学的先驱，因为他是最早记录真实历史的作家之一。他没有把战争归结为命运的力量或神的旨意，而认为这是人类选择的结果。[1]他认为人性，特别是利益、恐惧和荣誉的相互影响，是理解国家关系的最佳视角。这可以被看作一种深刻的现实主义视角。

王辉耀：修昔底德如何理解伯罗奔尼撒战争爆发的原因？

艾利森：其他人只是罗列出伯罗奔尼撒战争爆发的一系列原因，修昔底德却直指问题核心。当将关注点转向"雅典的崛起以及由此引发的斯巴达的恐惧"时，他发现了历史上一些最具灾难性和令人困惑的战争发生的根本原因。无论是否有意，当一个崛起大国威胁到守成大国的主导地位时，由此导致的结构性压力使暴力冲突成为惯例，而不是意外。这种情况发生在公元前5世纪的雅典和斯巴达之间，发生在一个世纪前的德国和英国之间，在20世纪50—60年代也几乎导致苏联和美国走向战争。[2]

像其他许多国家一样，雅典相信它的发展是有益的。在冲突发生前的半个世纪里，雅典达到了文明的巅峰，在哲学、戏剧、建筑、民主制度、历史和海军实力方面达到前所未有的高度。雅典的快速发展开始威胁到斯巴达，而斯巴达已经习惯了它在伯罗奔尼撒半岛的主导地位。随着雅典人更加自信和自豪，他们也越发要求获得相应的尊重，期望改变城邦之间的关系以反映新的实力对比情况。修昔底德告诉我们，这是国家地位变化带来的正常反应。雅典人怎么可能不认为他们的利益应该得到更多的重视？雅典人怎么可能不期望他们在解决分歧上有更大的影响力呢？[3]

但修昔底德也指出，斯巴达人认为雅典人的要求是无理的甚至是忘恩负义的，这也是很自然的事。斯巴达人理所当然地提出，是谁提供了安全的环境，让雅典得以繁荣发展？当雅典人越来越认识到自己的重要性，认为自己有资格拥有更大的发言权和影响力时，斯巴达人感到不安和恐惧，并决心捍卫现状。[4]

王辉耀：修昔底德如何指导我们区分近因和结构性原因？

艾利森： 人类事务中因果关系的复杂性一直困扰着哲学家、法学家和社会科学家。在分析战争爆发的原因时，历史学家主要关注近因，或者说直接原因。第一次世界大战爆发的近因包括哈布斯堡皇储弗朗茨·斐迪南大公被暗杀，以及沙皇尼古拉二世决定调动俄国军队对抗轴心国。如果古巴导弹危机引发了战争，那么近因可能是苏联潜艇艇长决定发射鱼雷而不是让潜艇下潜，或者是土耳其飞行员错误地将核武器投向莫斯科。战争的近因无疑是很重要的，但"历史科学之父"认为，导致流血冲突的最明显的原因掩盖了更深层次的原因。修昔底德告诉我们，与战争的导火索相比，奠定战争基础的结构性原因更为重要，在这种形势下，原本可控的事件升级到不可预见的严重程度，带来难以预料的后果。[5]

王辉耀：什么是"修昔底德陷阱"？

艾利森："修昔底德陷阱"这个术语是我在七八年前[①]创造的，用于形象地描述修昔底德的洞见。这是他的观点，不是我的。修昔底德陷阱是指，当一个崛起大国威胁到守成大国的主导地位时，往往会导致战争。伯罗奔尼撒战争发生在2 500年前的希腊，当时大约是中国的孔子生活的时期。修昔底德的著

---

① 艾利森教授2019年语，参见他在2019哈佛大学中国校友公共政策论坛上的演讲《如何避免修昔底德陷阱》。——译者注

名论断是，雅典的崛起令人瞩目并产生了很大的影响，这令已经统治希腊100年的斯巴达产生了恐惧，由此引发了战争。[6]

修昔底德陷阱指的是，当一个崛起大国威胁到守成大国的统治地位时，自然会出现不可避免的混乱。这种现象可能发生在任何领域，但其涉及国际事务时是最危险的。正如修昔底德陷阱的第一个案例导致了一场使古希腊没落的战争一样，这一现象在几千年来一直困扰着外交界。[7]

王辉耀：关于修昔底德陷阱的危险，历史经验告诉了我们什么？

艾利森： 在我的书中，我考察了过去500年的历史，发现了16个崛起大国威胁到守成大国主导地位的案例，其中12个以战争结束，4个没有走向战争。我在书中讨论了这些案例。你也可以在"修昔底德陷阱网站"上找到这些案例，[8]上面有它们的资料来源以及相关讨论。每个案例的具体情况都是不同的，这很有趣。但这些案例大体上显示，当雅典崛起、100年前德国崛起以及如今中国崛起，并试图取代居于支配地位的国家——斯巴达、统治了世界100年的大英帝国以及打造美国世纪的美国，或扰乱它们的统治的时候，暴力冲突就会发生。

但4个修昔底德陷阱案例没有走向战争。因此，认为战争不可避免是严重的错误。战争并不是不可避免的，但爆发战争的巨大风险是存在的。的确，在更多情况下，修昔底德陷阱以战争结束。[9]

在所有这些案例中，修昔底德发现的国家间竞争关系的基本发展脉络都很清晰，我们在修昔底德陷阱项目中形象地将其定义为"崛起国综合征"和"守成国综合征"。前者是指崛起国的自我意识不断增强，要求强化自身利益，获得更多的承认和尊重；后者基本上是前者的镜像，指守成国在受到"衰落"的威胁时，表现出过度的恐惧和不安全感。国家之间的外交就像兄弟姐妹之间的竞争一样，人们会发现在餐桌上发生的事情和在国际会议上发生的事情都以意料之中的方式发展。崛起国认为自己越来越重要（"我说了算"），因而期望获得更多承认和尊重（"听我说"），并要求发挥更大的影响力（"我坚决要求"）。同理，守成国认为崛起国的这种过度自信是对自己的不尊重，是忘恩负义，甚至是挑衅或威胁。[10]

王辉耀：修昔底德陷阱对21世纪的美中关系有什么意义？

艾利森：如果修昔底德目睹了这一切，那么他可能会说中国和美国正按照剧本梦游般地走向可能是有史以来最大的冲突……就像亨利·基辛格所说的那样，（修昔底德陷阱）这个框架为看透当前的喧嚣、了解深层力量如何发挥作用提供了最好的视角。[11]

当崛起国威胁到守成国的主导地位时，这种危险的局势就构成了修昔底德陷阱。想想今天的中国和美国。中国是正在崛起还是已经崛起？是的，中国比历史上任何一个国家都发展得更快、更全面，中国已经发展壮大，并将继续发展。这对美国有什么影响？中国要想实现自己的梦想，将必须且不可避免地侵占美国已经习以为常的在每个啄食顺序①顶端的位置和特权。[12]

我在书中提出的观点（如果你尚未读过，我也期待你去思考），是当前美中关系的典型特征是残酷的竞争，在我能预见到的未来都是如此。因此，一个崛起的中国（正在寻求"中华民族伟大复兴"，积累了一代人的努力，并将继续崛起和变得更加强大），在竞争中将"损害"美国作为统治霸主的地位和特权，而美国人相信自己天然排在每一个啄序的第一位。[13]

在21世纪初，美国是所有国家的主要贸易伙伴。到2021年，中国几乎是所有国家的主要贸易伙伴。一代人以前，美国

---

① 啄食顺序，是指群居动物通过争斗而获取优先权和较高地位等级的自然现象。——译者注

是世界工厂。今天，世界工厂成了中国。因此，就结构性现实而言，崛起的中国正在影响占统治地位的美国。我在书中把这比作"权力的跷跷板"，中国会不可避免地变得更强大、更富裕、更有影响力，这就是修昔底德竞争的本质。这种崛起改变了权力的结构，即跷跷板两端的崛起国和占统治地位的守成国的力量对比……我知道很多中国同行不想接受这个论点，他们认为中国并没有真正崛起，但事实上中国已经崛起了，或者说，中国崛起的方式是不同的。我想说，最好还是把这看成自修昔底德记录下的雅典和斯巴达战争以来我们所看到的另一个实例。[14]

在可见的未来，决定全球秩序的关键问题是中美能否避免修昔底德陷阱。大部分修昔底德陷阱案例都以失败告终。过去500年中出现了16个崛起大国威胁到守成大国统治地位的案例，其中12个最终走向战争；在4个没有走向战争的案例中，双方都在态度和行动上做出了巨大的、痛苦的调整。

美国和中国同样可以避免战争，但前提是它们能够接受以下难以接受的现实。第一，按目前的发展趋势，未来数十年美中之间不仅有爆发战争的可能性，而且这种可能性还比目前认为的要大得多。事实上，从历史经验来看，发生战争的可能性比不发生的要大。而且，低估战争爆发的风险会让战争更有可能发生。如果北京和华盛顿的领导人继续沿着过去十年的路线走，美国和中国几乎肯定会陷入战争。第二，战争并不是不可避免的。在历史上，守成大国可以处理好与竞争对手（即使是那些威胁到它们地位的对手）的关系，而不引发战争。这些成功及失败的案例为今天的政治家提供了许多经验教训。就如乔治·桑塔亚纳① 所说的那样，"忘记过去的人注定要重蹈覆辙"[15]。

---

① George Santayana，1863—1952，西班牙裔美国哲学家。——译者注

第二章
结构性变化

中国对世界的平衡态势构成了强烈的冲击,以至于世界必须寻求一种新的平衡。仅仅将中国视作另一个实力雄厚的棋手是不可能的,中国是世界上有史以来最大的参与者。

——李光耀[1]

过去20年里,中国比历史上任何国家崛起得都更快,发展得也更全面。鉴于中国所取得的成绩,它已成为世界唯一超级大国的重要竞争对手。用捷克前总统瓦茨拉夫·哈维尔的话来说,"这一切发生得太快,我们甚至来不及惊讶"。

——格雷厄姆·艾利森[2]

在21世纪的棋局上，经济实力平衡已经变得和军事实力平衡同样重要。

——格雷厄姆·艾利森[3]

科技创新成为国际战略博弈的主要战场，围绕科技制高点的竞争空前激烈。

——习近平主席，2021[4]

科技是美中竞争和对抗的主战场。

——威廉·伯恩斯，美国中央情报局局长，2021[5]

修昔底德的观点和"修昔底德陷阱"概念并没有纠结于来自华盛顿和北京的每日新闻头条和言论，而是指引我们关注中美之间的深层结构性关系，以及如果要建立和平关系，双方为何必须管控好深层"结构性变化"带来的压力。正如艾利森教授所写的那样，尽管"决策者可以否认结构性现实，但他们无法逃避这些现实"[6]。

在我们有生之年发生的最重要的结构性变化，是中国崛起带来的全球权力平衡变化。2019年在CCG做演讲时，艾利森这样描述我们所处的结构性局势："中国正在崛起，并将为了自身利益继续崛起。同时，美国将试图继续领导国际秩序，因为在这个国际秩序下，大国之间保持了70年没有发生战争，这对世界是有益的，美国人认为继续扮演这个角色是他们的使命。这种竞争带来了爆发冲突的风险。"[7]

为了更好地理解和记录过去20年发生的权力平衡变化，艾利森教授主持了一项以"伟大的竞争"为题的研究，该研究是贝尔弗中心"避免大国战争"项目的一部分。这项研究最初是2020年11月美国总统大选后为拜登新政府准备的备忘录的一部分，后来作为贝尔弗系列研究报告发表，内容涉及美中竞争的关键方面：经济、科技和军事。每篇报告都严谨地评估了美国和中国的相对实力，界定比较两国在不同领域内实力的最佳指标和标准，总结关键的发展成绩，衡量当前双方在竞争中的位置。本章引用了《伟大的竞争》系列报告的主要结论以及艾利森教授近年来就这一主题发表的其他文章的内容，来回答美国和中国在经济、科技和军事3个领域的"竞争状况"的关键问题，以及这些状况对世界意味着什么。

王辉耀：中国"崛起"了吗？

艾利森：是的。……在1978年改革开放的时候，有多少中国人在一天不到2美元的生活水准上挣扎？这是世界银行界定的"赤贫"标准。有谁知道多少中国人每天的生活费不到 2 美元？90%，10 个人里面有 9 个人每天的生活费不足 2 美元。如果一天只有 2 美元的生活费，那么你每天的大部分时间都在努力为自己和家人找到足够的食物，只是勉强挣扎着生存。

40 年后，这 90% 的人怎么样了？今天，这 90% 的人口已经减少到了 1%。99% 的贫困人口已经摆脱了贫困，这大约是 8 亿人口。这是前所未有的减贫奇迹，习近平宣布到 2020 年底将消除世界银行标准下的贫困，胡春华从习近平那里接下了这个任务——到 2020 年底消除贫困。

中国崛起了吗？来自哈佛的观众，你们可能记得肯尼迪政府学院和商学院外面那座桥。我在办公室里就能看见。这座桥筹建的时候，我还是肯尼迪政府学院的院长。我在 1989 年卸任。这座桥是在 2012 年开工的，据说工期两年，到 2014 年完工。但是它没能如期竣工。又花了一年时间，到 2015 年时，他们说还要再花一年时间。……直到 2017 年，工程才终于完工，费用比预算高出 3 倍。北京也有一座类似的桥，它叫三元桥，车道数量大约是哈佛这座桥的两倍。2016 年，北京市政府决定翻修三元桥。他们用了多长时间？你可以去优兔上看看，我在 TED 演讲中也提到了——他们用了 43 个小时。43 个小时！我曾经和一位来参加研究生管理培训的北京市副市长说，如果他能带一队人来哈佛建好这座桥的话，我就捐一笔钱。[8]

王辉耀：中国成功减贫的意义是什么？我们可以从中学到什么？

艾利森：1978年，每10个中国人中就有9个靠着每天不到2美元的花销勉强度日，这是世界银行规定的"绝对贫困线"。今天，几乎没有中国人还处于绝对贫困线下。事实上，2004年时美国贸易代表罗伯特·佐利克就庆祝中国减少了一半极端贫困人口，这是对联合国千年发展目标的贡献。罗伯特·佐利克将其称为"有史以来减贫领域的最大进步"，他在报告中说："1981—2004年，中国成功地使5亿多人摆脱了极端贫困。"

40年的奇迹增长极大地提高了更多人的生活水平，这在中国5 000多年的历史上是从未有过的。[9]

中国人民理应为他们的个人努力和政府领导所取得的成就而感到自豪。但也有人认为，他们之所以能够取得这样的成就，是因为美国在第二次世界大战后在亚洲建立了国际经济和安全秩序，并让这个秩序维持了70年。这个秩序促成了所有亚洲奇迹——其中最重要的就是现代中国。如果能够理解只有合作才能创造出如此显著的成就，那么美中两个国家能否认识到彼此可以共同努力来减少持续困扰世界其他地区数十亿人口的发展落后和贫困？如果双方能合作进行这样崇高和互利的事业，那么这也许可以激发更多想象力，让双方找到在不通过战争的情况下保护和增加己方重要国家利益的办法。[10]

王辉耀：你如何描述美中关系的整体结构性发展趋势？

艾利森：在历史大背景下，两国关系发生变化的根本原因是中国的崛起。只要中国不崩溃，就会继续崛起。目前，中国的人均GDP（国内生产总值）是美国的1/4，当然，中国的人口还是美国的4倍。从目前的趋势看，中国的生产效率为什么不能像韩国的那样高？当然，中国能达到。如果中国的生产效率像韩国的那样高，那么中国的人均GDP会超过美国的1/2，GDP总额将达到美国的两倍。因此，随着中国在各个领域的崛起，已经对自己各方面都是第一习以为常的美国人将发现自己的国家会被超越。

在21世纪初，美国是所有国家的主要贸易伙伴。到2021年，中国几乎是所有国家的主要贸易伙伴。一代人以前，美国是世界工厂。今天，世界工厂成了中国。因此，就结构性现实而言，崛起的中国正在影响占统治地位的美国。[11]

王辉耀：自美国赢得冷战以来，美中相对实力发生了什么变化？

艾利森：简单来说是结构性变化。历史上从来没有一个崛起国在这么多不同领域上升的幅度这么大、速度这么快。历史上也从来没有一个守成国发现自己的相对地位变化得这么快。[12]

我们的主要研究发现不会令那些关注这个议题的人感到惊讶：20年前，美国在大多数比赛中很难从后视镜中看到中国的身影，现在中国已经紧跟着我们，或是和我们并肩而行，在某些领域还要在我们前面一点儿。对政界来说，最大的启示是，应该摒弃将中国视作"近乎旗鼓相当的竞争对手"的看法，而美国国家情报总监办公室2021年3月发布的《全球威胁评估》报告中坚持这样称呼中国。我们必须承认，中国现在"在各方面都是旗鼓相当的竞争对手"。事实上，中国是守成国有史以来面对的最强大的崛起对手。[13]

王辉耀：崛起的中国如何影响到美国？

艾利森： 在各方面都有可能……2014年，我为参议员约翰·麦凯恩领导的军事委员会画了一幅漫画，帮助他们理解奥巴马政府的重大亚洲政策。奥巴马政府的亚洲政策主要是什么？一些人称之为"再平衡"，即重返亚太战略。我曾将美国和中国比作操场上坐在跷跷板两端的两个孩子，其体量以各自的GDP（以购买力平价计算）为标准。

2004年，中国的GDP大约是美国的一半；2014年，中国的GDP略高于美国，按当前的发展趋势，到2024年，中国的GDP将是美国的1.5倍。当美国还在辩论所谓的再平衡战略，即减少对在中东作战的重视，从而将更多资源转向亚洲时（这是美国的未来所在，跷跷板已经从根本上发生了变化），美国的两手策略都抓不牢了。随着GDP的变化，两国的实力对比发生了结构性变化。这意味着什么？这意味着美国的方方面面都会受到影响。贸易是一个例子。在21世纪初，美国是每个亚洲国家最主要的贸易伙伴，但自2017年开始，中国成为每个亚洲国家最主要的贸易伙伴。因此，随着中国的崛起，其将不可避免地取代美国习以为常的地位。[14]

中国不只正在崛起，而且其实力已经上升到了在经济、科技、军事、外交和政治方面颠覆冷战后秩序的水平……是时候将中国当作美国的旗鼓相当的竞争对手了。就此而言，中国所构成的地缘政治挑战比任何在世的美国人所见过的都严峻。[15]

对建国244年的美国来说①，中国构成了最为复杂的国际挑战。与经济上被孤立、科技上受到限制的苏联不同（苏联的GDP从未达到美国的一半），中国拥有能够成长得比美国更强大的资源。因此，中国不仅是俄罗斯的孪生兄弟、另一个大国竞争对手，而且其迅速崛起正在改变权力的基本结构。[16]

王辉耀：华盛顿对你的研究反应如何？你认为他们是愿意接受中国的崛起，还是不愿接受这种变化？

艾利森：我认为华盛顿对中国崛起普遍持怀疑态度，甚至出现了分歧……对许多美国人来说，作为"世界第一"是我们身份认同的核心内容。与一个和我们旗鼓相当（在某些领域甚至超过我们）的国家打交道是一个难以理解的命题。……我们面对的是"一组并不令人舒适的问题，许多人宁愿回避这些问题也不足为奇"。但就像有句话说的那样：不管你信不信，现

---

① 引自艾利森2021年1月发表的文章。——译者注

实就是这么残酷。我写《注定一战》这本书就是要给华盛顿敲响警钟，我担心美国会梦游般地与中国走向战争。我认为这本书已经起到了一些作用。[17]

具有中国特色的市场经济取得了成功，使中国超过美国成为世界上最大的经济体（以购买力平价计算），这震惊了观察家们，尤其是美国人。一想到有一个国家会变得更强大，美国人的"我们自己理所应当成为世界领袖"的观念就会受到挑战。但对中国的崛起视而不见，并不能淡化这个事实。[18]

经济竞争

王辉耀：在理解美中竞争上，为何我们要关注经济指标如 GDP？经济实力和权力之间有什么关系？

艾利森：GDP 不代表一切，但它构成了国际关系中权力的下层结构。它为国家的军事和情报能力建设、技术发展提供资金，使国家有经济能力通过进口、出口、投资和低息贷款或援助影响其他国家。[19]

尽管跑得快的并不总能赢得比赛，强大的国家并不总能赢得战役，但 GDP 规模更大的国家在国际关系中历来拥有更大的权力。正如亚当·斯密曾教给我们的那样，贸易使卖方和买方都富裕起来，为所有人创造更大的蛋糕，但它也导致了不对称的相互依存关系网，令一些国家比其他国家更有优势。对制造业的投资反映了企业对在哪里能够以最低成本生产最好产品的判断。虽然没有人否认这些选择对一个国家相对于另一个国家的制造业实力有影响，但这不是企业关心的事情。金融公司通过以最低风险为客户赚取最高回报获得收益，而不考虑一些国家的经济增长是在其他国家利益受损的情况下形成的。[20]

除非经济崩溃或体制破裂，否则中国在未来某个时刻将能够为国防和情报机构提供比美国更多的预算。为了建立联盟、制约中国的行为，华盛顿必须吸引其他有实力的国家加入其权力的跷跷板一方。但这将比冷战时期更具挑战性。这不仅是因为每一个潜在盟友都有自己的利益、关切和优先事项，而且对其他大部分国家来说，中国代表着最重要的经济关系。因此，它们也许会在一些安全议题上与美国结盟、反对中国，但在经济议题上与中国的关系将更加紧密。[21]

要应对中国带来的挑战，美国人必须直面严峻的现实：中国已经超过美国，成为世界第一大经济体。……这给美国安全带来的影响并不难预测。经济脱钩将打造一个在世界舞台上更加自信的地缘政治参与者。[22]

王辉耀：近几十年，美国和中国的相对经济实力发生了什么变化？

艾利森：在国际货币基金组织所定义的"历史上最大、持续时间最长的经济繁荣"中，中国经济在过去20年中增长了10倍，GDP从2000年的1.2万亿美元增长到2021年的17.7万亿美元。在此期间，中国的实际年平均增长率为8.7%——第一个十年为10.3%，第二个十年为7.2%。因此，自2008年金融危机以来，每四年，中国的GDP就增加了大约相当于一个印度的经济规模。同期，美国的GDP从2000年的10.3万亿美元增长到2021年的24万亿美元，在这20年中，实际年平均增长率仅为2%。[23]

美国GDP占全球的份额，在1950年时将近一半，1991年时为1/4，现如今已经下降到1/7。中国一直是这种转变的主要受益者。在过去一代人的时间里，中国的GDP（以购买力平价计算）已经飙升：从1991年为美国的20%到今天的120%。[24]

王辉耀：中国的经济实力将在何时超过美国？

艾利森：如果用传统的标准——市场汇率来衡量，自

2000年以来，中国的GDP已经从1.2万亿美元飙升至17.7万亿美元。按照目前的趋势，它将在10年内超过美国。根据美国中央情报局和国际货币基金组织认为的比较国家经济实力的最佳标准——购买力平价指标，中国已经超过美国，成为世界上最大的经济体。[25]

如果这两个国家继续按照目前的趋势发展，到2030年，中国的经济规模将是美国的两倍……尽管会很痛苦，但美国人将不得不找到某种方式来接受这样一个世界——至少在某些领域，"中国是第一"。[26]

虽然中国面临许多内部挑战，但我们更有理由相信这一基本经济趋势将延续下去，而不是打赌它将很快停止。中国的人口是美国的4倍，如果中国工人变得像如今的葡萄牙工人那样高效（也就是说，效率大约是美国人的一半），中国的GDP将增长到美国的两倍。[27]

传统上，经济学家使用一种名为市场汇率的工具来计算和比较GDP。这种比较假定，在7元人民币兑换1美元的市场汇率下，7元人民币在中国购买的商品与1美元在美国购买的商品数量相同。但正如艾利森教授在其报告《伟大的经济竞争：中国与美国》中指出的那样，真实情况并非如此。

王辉耀：衡量美中两国相对经济实力的最佳指标是什么？

艾利森：在购买从汉堡和智能手机到导弹和海军基地等大多数产品时，中国人得到了更多的实惠。在认识到这一点后，在过去的10年中，美国中央情报局和国际货币基金组织得出结论，有一个比市场汇率更好的衡量标准：购买力平价。购买力平价是以每个国家用自己的货币可以购买多少其市场内出售的物品来比较国家经济实力的方式。

在国家经济实力年度评估中，美国中央情报局解释了为何放弃市场汇率、改用购买力平价作为衡量标准，"按官方汇率计算的GDP大大低估了中国相对于世界其他地区的实际产出水平"。因此，在美国中央情报局看来，购买力平价"为比较各经济体的经济实力和福祉提供了最佳基点"。国际货币基金组织补充道："市场汇率波动较大，即使个别国家的增长率稳定，使用市场汇率也会使综合增长指标出现较大波动。"[28]

王辉耀：以购买力平价计算，美国和中国的相对经济实力如何？

艾利森：以购买力平价计算，我们可以比较美国和中国的相对经济实力，就像它们是跷跷板两端的两个竞争对手一样。结论显而易见，令人痛苦。如果用购买力平价衡量，2000年时，中国的经济规模为美国的36%。2020年，国际货币基金组织发现中国的经济规模已经达到美国的115%，或超过美国1/7。虽然奥巴马总统、特朗普总统以及现任的拜登总统都在谈论历史性的"重返"亚洲，但跷跷板两端的实力对比已经到了美国的两只脚都完全悬空的地步了。[29]

王辉耀：谁在贸易上占上风？美国退出多边自由贸易协定和中国加入《区域全面经济伙伴关系协定》等新贸易协定有什么影响？

艾利森：当21世纪开始时，中国敲响了世界贸易组织的大门，美国是大多数主要经济体的主要贸易伙伴。今天，中国已经超过了美国，成为几乎所有主要国家的最大贸易伙伴。

2018年，130个国家与中国的贸易额超过了它们与美国的贸易额，其中超过2/3的国家与中国的贸易额超过了与美国贸易额的两倍。随着《区域全面经济伙伴关系协定》在2022年1月[①]开始实施，中国已经超过美国，成为世界最大自由贸易

---

① 《区域全面经济伙伴关系协定》于2022年1月1日正式生效。——译者注

区的领导者。[30]

在加强其在现有世界贸易体系中的影响力与创建新的贸易协定和区域安排方面，中国也胜过了美国。在第二次世界大战后，美国是促进自由贸易的领导者，推动签署了关贸总协定、北美自由贸易协定等贸易协定，促成了世界贸易组织等机构的成立。美国还带头设计了《跨太平洋伙伴关系协定》。但由于国内政治反对派的阻挠，它一直未能加入该协议。日本随后接过接力棒，2018年，《全面与进步跨太平洋伙伴关系协定》的11个成员建立了新的贸易规则。与此同时，中国得到大多数亚洲主要经济体的支持，推动建立了《区域全面经济伙伴关系协定》。《区域全面经济伙伴关系协定》建立了一个包括中国、日本、韩国、澳大利亚、新西兰和东盟10个成员国的贸易区，覆盖22亿人口。这个新贸易区现在是世界上最大的贸易区。它囊括了近1/3的全球GDP，预计到2030年将为世界贸易增加5 000亿美元规模。此外，当美国因政治分歧仍旧陷于瘫痪而只能袖手旁观时，中国已经申请加入《全面与进步跨太平洋伙伴关系协定》。[31]

同时，需要注意的是，中国也依赖外国供应链提供必需品。中国是世界上最大的食品和能源进口国，其对美国和其他高收入国家的出口在其经济中发挥着核心作用。这些发达经济体在世界贸易中的份额加起来比中国的占比要大。因此，正如

《金融时报》的马丁·沃尔夫所言，如果美国及其七国集团伙伴能够一致行动，就可以坚持制定贸易和金融规则，建立一个中国必须接受的竞争环境。例如，如果以前的美国政府加入了《跨太平洋伙伴关系协定》并与欧盟签署了《跨大西洋贸易与投资伙伴关系协定》，那么美国就会成为一个覆盖全球 GDP 近 60% 的经济联盟的"设计师"，在跷跷板上把占全球 GDP 16% 的中国跷起来。[32]

虽然美国的跨国公司长期以来在全球经济中占据主导地位，但近年来，中国的跨国公司在规模和实力上都有所提升。正如艾利森教授在他的报告《伟大的经济竞争：中国与美国》中所指出的那样，企业对主导地位的竞争远未结束。美国和中国的跨国公司在盈利能力、品牌价值、行业地位和所有权方面仍存在重要差异。

王辉耀：中国的贸易规模可能超过美国，但美国跨国公司在实力上不是保有更大优势吗？

艾利森：2020 年，《财富》杂志用一个引人注目的标题宣布，"全球 500 强企业中的中国企业数量超过美国企业"。自该杂志发布全球500强排名以来，这是中国第一次有124家企业上榜，超过美国的121家企业，位居榜首。20年前，只有10家中国企业上榜。（如今，中国和美国各自的上榜企业数量超过了日本、英国、法国和德国企业的总和。）

在《财富》杂志评选的全球500强企业中，美国企业的收入遥遥领先——2020年，美国企业的收入高达近10万亿美元，而中国企业的收入为8.3万亿美元。

美国企业的品牌价值也仍然领先于中国企业的品牌价值。品牌价值评估机构Brand Finance透露，美国企业品牌的全部价值是中国企业的两倍多（3.2万亿美元对中国的1.3万亿美元）。美国仍然拥有最多的"独角兽"企业——估值超过10亿美元的初创企业……《财富》全球500强中的企业在公司成分和所属行业方面也有很大不同。在《财富》排行榜上，3/4的中国企业是国有企业，超过一半的企业与金融、能源和原材料行业有关，这也部分解释了为什么中国顶级企业的利润率不如美国企业的利润率。尽管民营企业在中国的主要企业中占比较小，但它们一直是中国经济奇迹的驱动力。民营企业为中国创造了60%的GDP增长、70%的创新，提供了80%的城市就业以及90%的就业增长。[33]

王辉耀：哪个国家吸引的外国投资最多？

艾利森：在过去20年里，中国已经成长为外国直接投资的首选目的地，堪与美国匹敌。2020年，在新冠疫情蔓延的情况下，中国成为世界上最大的外国直接投资接受国。2000—2020年，流入中国的外国直接投资增长了3倍，从2000年的410亿美元增长到2020年的1 630亿美元。相比之下，美国的外国直接投资流入量在过去20年里有所波动，2000—2020年净减少1 800亿美元。然而，在累计外国直接投资规模上，美国仍然大幅领先，截至2019年，美国的外国直接投资流入存量价值是中国的5倍。[34]

在《伟大的经济竞争：中国与美国》报告中，艾利森教授指出了中国经济面临的几个问题，包括政治不确定性、私人部门面对的挑战、人口、债务、环境问题以及地缘政治。

王辉耀：中国经济的持续崛起是必然的吗？什么因素会导致中国偏离当前的增长轨道？

艾利森：大部分对中国经济前景持怀疑态度的人强调，政府最近对私人部门的过度监管带来了新的风险……过去一年对大型科技企业采取的行动使中国股票市值损失了超过1.5万亿美元,并刺激了借壳资本外逃。[35]

对中国经济前景持悲观态度的人还强调了国务院副总理刘鹤列出的"17个不可克服的挑战"中的3个结构性因素:人口、债务和严峻的环境问题。中国人口数量已达顶峰,正在走向老龄化,就像老生常谈的那样:中国将未富先老。按现在的趋势,到2035年中国的劳动力人口将减少2亿。在2008年金融危机后的15年里,中国的债务总额(包括政府债务和私人债务)已经翻番,从占GDP的140%增长到280%。恒大的持续崩溃只是房地产泡沫的冰山一角。而且,一段时间里中国只关注经济增长而不太关注外部因素,给环境留下了深深的伤害。[36]

中国经济还面临着其他潜在阻力——来自美国和其他国家日益增长的敌意。这可能会影响它们依赖中国产品或未来继续在中国投资的意愿。全球最大财富管理公司瑞银的首席中国经济学家称,"未来几年中国面临的最大风险"来自"日益加剧的地缘政治紧张局势,特别是美中关系的恶化"。贸易战可能导致其他国家有选择地与中国脱钩,减少技术转让的机会,限制中国企业的投资选择,并减缓资本流入中国的速度。[37]

王辉耀：中国面临这些挑战，为何我们还认为中国经济能保持稳健的增长势头？

中国过往的政策证明了它的能力

艾利森：虽然中国今天面临着艰巨的挑战，但它在10年前，以及之前的10年同样面临着艰巨的挑战。正如一些中国人所说，中国在"克服不可克服的困难"方面的成绩是难以否认的。此外，中国政府处理这些挑战的团队对这些挑战的分析比我们读过的任何西方专家的分析都更详细、更深刻。……中国政府的能力使中国比其他大多数国家有更大的空间来应对挑战。[38]

中国在全球供应链中的角色

艾利森：对中国未来经济前景持乐观态度的人指出，中国成功地加强了其作为重要全球供应链中最关键环节的地位。尽管脱钩的主张不绝于耳，但在新冠疫情防控期间，外国经济对中国的依赖性增加了而不是减少了。2021年，中国与世界的贸易顺差达到创纪录的6 750亿美元，比2019年疫情前的水平增加了60%。……中国现在是世界上几十种必需品的最大的制造商和出口商，包括90%的精炼稀土矿物、80%的太阳能电池板、50%的计算机和45%的电动汽车。尽管中国与其他主要国家的地缘政治关系不断恶化，但他们认为，对经济后果的恐惧将使大多数公司和国家不敢采取任何限制中国经济的行动。[39]

不断增长的中国消费市场和外国投资者的积极评价

艾利森：尽管美中地缘政治关系不断恶化，但在过去几年里，包括2021年，世界上最成功的科技公司、制造企业和投资公司加倍押注于中国。中国的中产阶级目前有4亿人，预计到2035年还会增加4亿人。这将引发一波消费热潮，使中国不仅成为大多数公司的首选生产地，也成为其最大的消费市场。2021年，在特斯拉生产的100万辆电动车中，有近一半是由上海工厂生产的，并出售给中国买家。用埃隆·马斯克的话说，"从长远来看，中国将成为我们最大的市场，既是我们最大的汽车产地，也是我们最大的客户来源地"。全球市值最高的公司的首席执行官也认同这一点，他直言不讳："我们在中国的投资不仅仅是为了下个季度或下下个季度，而是为了未来几十年……中国将成为苹果在全球最大的市场。"世界上最大的连锁咖啡店——星巴克，现在每12个小时在中国开一家新店。世界上最大的资产管理公司——管理着10万亿美元资产的黑石集团，世界上最大的对冲基金——桥水，以及包括高盛和摩根大通在内的主要国际银行在过去两年里也都增加了在中国的投入。[40]

金融竞争

当比较美国和中国的实力和全球影响力时,金融领域通常被认为是美国的优势领域。美国仍然是全球金融体系中无可争议的领导者。然而,正如艾利森教授最近的研究所强调的那样,虽然美国在关键领域仍然遥遥领先,但中国在其他领域正迎头赶上。

王辉耀:美元作为世界储备货币的地位稳固吗?人民币国际化进展如何?

艾利森:世界各地的中央银行继续将美元作为主要储备货币。美元占外汇储备总额的60%,低于21世纪初的70%。虽然国际货币基金组织在2016年将中国的人民币加入了特别提款权估值篮子,但其持有量几乎没有突破2%。同样,在外汇交易、全球支付和贸易方面,美元依然占据中心地位……我们必须记住的是,美元的主导地位并不是永久不变的。国际货币基金组织在2018年指出,"国际货币体系正顺利地从美元和欧元占主导地位的两极体系向三极体系(包括人民币)过渡……随着使用人民币交易的经济规模(越来越大)……尽管现阶段人民币交易在地理上仍受到限制",主要是在金砖国家使用。……另一方面,只要人民币不能自由兑换,中国仍然关闭其资本账户,人民币的持有量就仍然增长缓慢。[41]

王辉耀:中国在数字货币和金融科技方面的进步对美元的主导地位意味着什么?

艾利森: 中国在推进金融科技方面的成功为美元继续占主导地位的现实增添了另一重复杂性。当美国的政策制定者才开始讨论引入数字美元时,中国正在领导一场使其整个经济数字化的国家行动。中国正在开发自己的数字人民币,这将为中国公民带来更快、更便宜、更安全的金融交易。国家与私人部门相配合,几十家中国科技和金融公司正在设计新的应用程序,以支持政府的数字人民币架构。中国在发展数字货币方面起步较早,这威胁到了美国在国际金融领域的主导地位。数字人民币可以为交易商提供一种简单的方式来改变交易路线,并绕过基于美元的系统。中国的技术也有望在国际上被采用,并决定全世界的数字金融实践规则。[42]

王辉耀：美元的主导地位为美国带来了什么优势，其可以成为对抗中国的筹码吗？

艾利森：虽然美国最近在制裁朝鲜、伊朗和俄罗斯时将美元"武器化"，但对这一工具是否可以用来影响中国仍然有争议。美中经济相互依存度如此之高，已经形成了类似"相互保证毁灭"的机制，即"相互保证经济破坏"。如果美国试图将中国排除在以美国为中心的金融体系之外，而中国的回击是停止向美国运送货物，使沃尔玛、家得宝和塔吉特的货架空空如也，那么双方的经济和社会都将受到严重破坏。至少到目前为止，双方都不愿意玩这种看谁遭受的损失更大、持续时间更长的"胆小鬼博弈"的游戏。

王辉耀：两国在股市、银行和风险投资等其他金融领域相比如何？

艾利森：虽然美国股市仍然占世界股市市值的一半以上，但中国国内市场自21世纪初以来增长了2 500%以上，从2003年略高于5 000亿美元的市值增长到2021年底的14万亿美元。尽管如此，中国股票市场市值仍然远远落后于美国股票市场市值的53万亿美元。

中国银行业的崛起更加引人注目。2000年，中国在全球十大银行中还排不上号。今天，全球最大的四家银行都是中国的。（截至2020年12月，资产价值合计17.3万亿美元。）在前十名中，美国银行仅排第六位和第九位，资产总额为6.2万亿美元。然而，按市值计算，美国银行仍保持领先，排名分别为第一、第二、第五和第七。

在"现代资本主义的第三大机构"——风险投资方面，中国企业吸引新投资者和资本的能力仍然远远落后于美国同行。2020年，中国初创企业获得的风险投资只有美国公司的一半。……2021年，这一比例降低到1/3。在释放人类潜力和创新能力方面，美国仍然是无可匹敌的。[43]

王辉耀：中国的经济崛起对亚洲和其他地区意味着什么？

艾利森： 目前亚洲的经济实力平衡状况对中国极为有利。作为世界第一大出口国和第二大进口国，中国是所有其他主要亚洲国家的最大贸易伙伴，包括美国的盟友。[44]

李光耀准确地指出："中国正在用庞大的市场和不断增长的购买力把东南亚国家吸纳进它的经济体系。日本和韩国也将不可避免地被吸纳进去。中国只是吸引其他国家而不必使用武力……中国日益增长的经济影响力将很难对抗。"这种巨大的吸引力现在已经影响到世界上大多数主要经济体。总之，现在是中国手握金科玉律，即"谁有钱，谁说了算"[45]。

这对全球地缘政治的影响是深远的。在第二次世界大战结束后的10年里，美国GDP约占全球GDP的一半。基于这一主导地位，美国带头创建了国际货币基金组织、世界银行、布雷顿森林货币体系、关贸总协定贸易体系，以及其他构成全球经济秩序的组织。在建立北约、中央条约组织和东南亚条约组织时，美国可以不用考虑让其他成员分担费用，而是自己承担费用。但到1991年冷战结束时，美国在全球GDP中的份额已经缩减到1/5。今天，美国所占的份额是1/6……中国的崛起创造了一个新的世界经济秩序。[46]

李光耀认为，在21世纪，经济实力平衡与军事实力平衡同样重要。领导人治理的合法性越来越取决于他们改善公民经济福祉的能力。（因此，美国的盟友和朋友经常说：不要试图让我们在美国和中国之间选边站队，美国对我们的安全至关重要，而中国对我们的繁荣至关重要。）因此，中国以商业作为推进自己在世界上利益的首选工具并不令人惊讶。正如罗伯特·布莱克威尔和詹妮弗·哈里斯在《另一种战争》一书中做出的令人信服的论述：中国是"世界上领先的地缘经济学实践者"[47]。

技术竞争

作为"伟大的竞争"这项重要研究的一部分，2021年12月，艾利森教授的团队发布了一份报告，追踪中国科技实力的崛起以及与美国在多个领域的相对实力比较，结论认为中国已经取得飞跃发展，现在已是一个"全方位的同等级竞争者"。[48] 正如艾利森教授所指出的那样，人工智能和5G（第五代移动通信技术）等领域的进步本身就很重要，并且能促进经济增长，因此创新可以为增强军事实力提供资金和技术支持。

王辉耀：你如何比较如今美国和中国的整体科技实力？

艾利森：21年前，美国甚至无法在后视镜中看到中国，因为中国实在落后太多了。今天，我们同样无法在后视镜中看到中国，因为中国已经和我们比肩甚至稍稍超过了我们。我们考察了整体科技领域，深入研究了6项前沿科技，如5G、人工智能、量子技术、合成生物学……研究显示，基本上，中国在几乎所有科技领域都取得了巨大的飞跃，成为一个需要被认真对待的竞争对手。[49]

尽管在过去半个世纪中，美国一直在科技创新中处于领先地位，现在也仍在其他几个科技领域保持着主导地位，但在21世纪，中国已经成为基础科技领域的一个需要被严肃对待的同等级竞争者，其科技应用有望在情报和军事、经济增长和治理等领域引发变革。[50]

中国的举国体制正在挑战美国在科技竞争的宏观驱动力方面的传统优势，包括其科技人才培养方式、研发生态系统和国家政策。正如美国白宫国家安全委员会技术与国家安全高级主任塔伦·查布拉以及安全与新兴技术中心所判断的那样，"美国不再是全球科技霸主"[51]。

今天，中国的迅速崛起挑战了美国在科技领域的主导地位，这引起了美国的关注。美国中央情报局局长威廉·伯恩斯指出，科技是"美中竞争和对抗的主战场"[52]。

王辉耀：未来10年，科技竞争将如何塑造两国关系和影响两国经济？

艾利森：取得科技领先地位是美中竞争的核心，并将成为一个不断扩大的冲突领域。在包括人工智能在内的大多数科技竞赛中，中国以无人能够想象的速度成为一个需要被严肃对待的同等级竞争者。按照目前的发展趋势，在未来10年，中国有可能在几个科技领域超过美国。科学驱动的技术将成为经济增长的关键动力，并产生重大影响。因此，这注定会成为一个争论更加激烈的领域。[53]

王辉耀：美中科技竞争一定是坏事吗？

艾利森：现在，至少在经济领域，竞争是一件好事。奥运会和田径比赛中的竞争也是一件好事。如果我和一个竞争对手一起跑，我会比独自跑时跑得更快。那么，如何在认识到建设性竞争可以带来双赢的同时，也认识到在竞争中，最终赢得比赛的一方（例如在5G方面）在经济和安全方面将具有优势？这又回到了这个矛盾。一方面，竞争可以是建设性的、积极的、有益的。同时，在地缘政治竞争中，我更希望由美国来制定互联网规则，而我的中国同行可能更希望由中国来制定。这就是竞争的另一面。我认为我们必须足够聪明，在我们的头脑和心中同时保持这两种相互矛盾的动力，并且仍然正常工作。[54]

第一项关键技术是人工智能。人工智能在关于中美科技竞争的讨论中占有重要地位。虽然仍处于起步阶段，但许多专家认为，人工智能技术将成为国家安全和经济增长的关键驱动力。人工智能不是一项单一的技术，而是涵盖了机器学习、大数据和其他各种相关技术，使机器能够"智能"地行动。人工智能是艾利森教授团队考察的关键技术之一，以了解美国和中国之间的科技竞争将如何展开。

王辉耀：为何人工智能如此重要？它对军事有什么意义？

艾利森： 中国的战略专家认为，在中国努力超过美国成为世界首屈一指的军事强国的过程中，人工智能可能起到决定性作用。美国参谋长联席会议前主席约瑟夫·邓福德将军对此表示赞同："谁在人工智能方面拥有竞争优势，并能部署人工智能信息系统，谁就很可能拥有整体竞争优势。"通过改善视觉和目标定位、缓解人力问题、加强网络防御和加速决策，人工智能可以将原本的能力提升数倍。[55]

机器人AlphaGo和最近的机器人AlphaStar，在世界上最复杂的即时战略电子游戏中击败所有竞争对手，它们的成功表明，在任何结构化的进攻和防守竞赛中，人工智能将主宰人类。拥有最佳人工智能技术的国家、公司或组织将获胜。美式足球就是一个例子。在评论员经常讨论的"国际象棋比赛"局面中，进攻和防守协调员都知道，如果防守方猜中下一个战术是传球还是跑动，那么大多数美国国家橄榄球联盟球队的防守都可以成功阻止大多数对手的进攻。如果了解一种情况下的所有变量，人工智能就能够使场上的形势有利于某一方，或者在类似的陆、海、空和太空的军事竞赛中起到同样的作用。[56]

王辉耀：美中当前的人工智能竞赛形势如何？

艾利森：在未来10年可能对经济和安全影响最大的先进技术——人工智能方面，谷歌前首席执行官埃里克·施密特明确指出，中国现在是一个"全方位的同等级竞争者"。近来，中国的人工智能发展突飞猛进，没有密切关注的人很可能错过这一点。事实上，在许多比赛中，中国已经超过美国，成为无可争议的世界第一。人工智能竞赛的关键指标包括产品市场测试、金融市场测试、研究出版物、专利以及国际竞赛结果。[57]

6年前，在世界上20家最有价值的互联网公司中，只有2家是中国公司；如今已有7家。"人工智能时代的七大巨头"——谷歌、亚马逊、脸书、微软、百度、阿里巴巴和腾讯，分立于太平洋两岸。2018年，在每10笔投向人工智能的风险投资中，就有5笔流向中国初创企业；4笔流向美国公司。在世界十大最有价值的人工智能初创企业中，7家是美国公司，

3家是中国公司。[58]

中国对人工智能研发的投资已经超过了美国，结果已经开始显现。中国正在为人工智能的代际优势奠定智力基础。美国空军前首席软件官尼古拉斯·查兰甚至声称，中国在人工智能竞赛中取得胜利"已成定局"。2020年，中国发表的人工智能论文总体引用数量已经超过了美国，比2019年增加了35%。[59]

王辉耀：美国在人工智能竞赛中的优势如何？

艾利森：在寻求发展最先进的科技的过程中，最聪明的0.0001%的人发挥着决定性作用。美国可以从地球上77亿人（2020年）中招募人才并使他们充分发挥潜力，从而获得成功。事实上，美国公司现在已经招募了公认的前100名人工智能天才中的一半以上。与此形成对比的是，中国是一个相对封闭的社会——基本上只限于14亿讲中文的人。2019年，只有1 000名外国出生的人成为中国公民。因此，虽然美国不会在由数量起决定性作用的竞争中获胜，但在智力、创造力和创新这些最重要的领域，美国拥有决定性优势。

平台是很重要的。美国拥有巨大的可持续竞争优势：英语是科学、商业和网络的通用语言。中国人只能选择说英语。不仅中国人，法国人和其他国家的人也经常抱怨这不公平——也许吧。但这就是现实。为了把新加坡从一个第三世界的城市变成世界上最成功和最繁荣的全球贸易中心之一，李光耀坚持把英语定为第一语言。（事实上，在中国领导人咨询时，他一度建议中国将英语作为第一语言。）地球上75亿人（2017年）中有一半以上会说英语——还有10亿人正在学习英语。

美国企业在建立人工智能的主要平台方面具有明显的先发优势，包括操作系统（安卓和苹果）、先进半导体的设计和杀手级应用（照片墙、优兔和脸书）。照片墙拥有10亿月度活跃用户，脸书的活跃用户超过24亿。虽然中国竞争对手肯定会试图取代目前的平台和应用程序领导者，但如果美国企业足够聪明，继续增加用户选择，改善用户体验，并扩大使用其平台和应用程序的用户数量，那么中国人和其他想与世界对话的人可能不得不继续依赖美国主导的平台。[60]

王辉耀：美国在发展人工智能上面临何种挑战？

艾利森：美国的人工智能发展面临着严重的阻力，包括重视隐私而非安全、不信任权威和怀疑政府的文化，对与美国国防部和情报机构合作持谨慎态度的IT（互联网技术）企业，抑制招聘和移民的功能失调的公共政策，不利于搜集大数据的法律，以及对当前那些美国重要大型企业进行进一步监管和反托拉斯行动的可能性——也正是这些企业在推动美国在这一领域的进步。[61]

在关于争夺人工智能优势的报告中，艾利森教授强调了中国在发展人工智能方面的5个优势：人口和丰富的数据，金融科技，庞大的STEM① 专业毕业生人才库，对于数据搜集和人工智能应用的更高的文化接受度，以及政府的大力支持。

王辉耀：中国在人工智能竞赛中具有哪些优势？

人口和丰富的数据

艾利森： 由于人工智能应用的重要基础是大量的优质数据，因此中国已成为21世纪的沙特阿拉伯，拥有最宝贵的商品。[62]

在长期竞争中，中国的优势在于其14亿人口创造了一个无与伦比的数据和人才库，拥有世界上最大的国内市场，以及企业和政府能在更加重视安全而非隐私的文化中搜集信息。中

---

① 科学、技术、工程和数学。——译者注

国大力发展教育，造就了一支成本较低的劳动力大军，他们愿意并能够花费大量的时间来清理数据集。中国计算机专业的大学毕业生数量是美国的数倍，这些学生都渴望开发算法来解决社会问题。由于人工智能应用的重要基础是大量的优质数据，因此中国已成为21世纪的沙特阿拉伯，拥有最宝贵的商品。中国创建、采集和复制的数据总量已经远远超过美国。此外，中国还有像阿里巴巴的马云和腾讯的马化腾这样野心勃勃的企业家，推进其成为世界人工智能领导者的政府，以及一种普遍的"中国的时代已经到来"的心态。[63]

金融科技

艾利森：在金融科技领域，中国独树一帜。腾讯的微信支付有9亿中国用户，而苹果支付在美国只有2 200万用户。在功能方面，微信支付的功能比苹果支付的多。中国消费者可以通过应用程序购买星巴克的咖啡和阿里巴巴的新产品，支付账单、转账、贷款、投资、向慈善机构捐款和管理他们的银行账户。这个过程中产生了一个关于个人消费行为的精细数据库，这无疑是一个宝藏，人工智能系统可以利用这些数据对消费者的信用度、对产品的兴趣、支付能力和其他行为做出更好的评估。2018年，中国人通过移动支付消费19万亿美元，中美人均消费比达到50∶1。美国的移动支付规模还不到1万亿美元。[64]

人才

艾利森：在人工智能领域，脑力比计算能力更重要。中国的 STEM 专业毕业生数量约为美国的 4 倍（130 万对 30 万），计算机专业毕业生数量约为美国的 3 倍（18.5 万对 6.5 万）。在《美国新闻与世界报道》的排名中，中国的清华大学在计算机科学方面位居世界第一。今天，美国每 10 个计算机科学专业博士毕业生中，有 3 个是美国人，2 个是中国人。30 年前，每 20 个出国留学的中国学生中只有 1 个回国，而现在，每 5 个中就有 4 个回国。[65]

文化接受度

艾利森：在文化上，许多中国人拥护国家监管。即使是那些能够显著改善公共健康和安全的应用，美国人对于分享数据也分裂成"非常愿意"和"非常不愿意"两派。在中国，愿意的人比不愿意的人多 4 倍。正如我的一位受过美国教育的中国同事所观察到的那样，中国人对于美国人对每月一次的大规模枪击事件接受良好感到困惑，美国人对于中国人接受国家监管以使自己和家人免受这种恐怖行为的影响同样感到困惑。

中国的政府、法律和法规、公众对隐私的态度，以及公司和政府之间的紧密合作，都为推动人工智能的发展开了绿灯。在美国和欧洲国家，黄灯和红灯比比皆是。[66]

政府支持力度

艾利森：人工智能是习近平主席"中华民族伟大复兴"议程中的一个核心支柱。中国政府为发展人工智能制定了关键绩效指标，为具体项目提供了大量资金，并尽一切可能创造有利的环境。细心的观察者从这个过程中会想到亚马逊和谷歌的领导层。所有能够保护公司（在国内市场上）、支持优质企业（通过给予补贴和允许访问政府数据）并赋权企业领导人工智能研发的措施，中国政府都实施了。这是雄心勃勃的绩效目标，激励中国15个人口超过1 000万的城市和100个人口超过100万的城市在公路系统部署传感器（以支持无人驾驶汽车）方面展开竞争，安装摄像头来监管公共和私人财产，以及运用一系列数据搜集技术来创建"智慧城市"。[67]

王辉耀：哪个国家拥有人工智能人才优势？

艾利森：在长期竞争中，中国的优势在于其14亿人口创造了一个无与伦比的数据和人才库，拥有世界上最大的国内市场。此外，中国有比美国多几倍的计算机专业大学毕业生。中国培养的STEM专业本科毕业生数量是美国的4倍，到2025年，中国的STEM专业博士毕业生数量将是美国的2倍。与之相反的是，美国国内出生的人工智能专业博士数量自1990年以来就再没有增加。[68]

即便如此，美国在人力资本方面仍然享有中国无法复制的两项优势。第一，世界上超过一半的人工智能天才在为美国公司工作。第二，美国可以从全世界79亿人口（2021年）中招募人才，而中国只能从自己的国民中招募。[69]

王辉耀：未来10年，人工智能竞赛将如何展开？

艾利森： 就应用而言，中国占据优势。正如美国国家安全委员会对人工智能的评估，"如果目前的趋势不改变，中国已有在未来10年超过美国成为世界人工智能领导者的实力、人才和野心"。然而，如果未来10年人工智能最重大的进展来自算法和硬件的突破性飞跃，那么美国将占据优势。[70]

第二项关键技术是5G。5G已经成为美中科技竞争的一个热点，华为在全球许多市场上的5G网络建设中的角色受到争议，恰好反映了这一点。艾利森教授在《伟大的科技竞争：中国与美国》报告和一些文章（如2022年2月发表在《华尔街日报》的专栏文章《中国在5G上超越了美国》）[71]中强调了

5G作为一种赋能技术对许多行业的重要性。正如艾利森教授在文章中所指出的那样，真正的5G将给自动驾驶汽车、虚拟现实应用（如元宇宙）以及其他尚未被发明的领域带来同样的突破。他还认为，5G的许多潜在应用可以给一个国家在情报和军事上增加优势，5G将成为大国竞争的重要领域。

王辉耀：在5G基础设施建设方面，两国进展如何？

艾利森：简单来讲，3G（第三代移动通信技术）是由欧洲主导的；美国后来推出了4G（第四代移动通信技术），并创造了一个环境，在这个环境中，人们能够发明智能手机、社交媒体、谷歌地图、优步，以及许多以前在3G世界中无人能够想象的东西。

说到5G（在美国有大量宣传），你在看橄榄球季后赛或其他任何东西时都会被5G的广告淹没。但实际上，这不是真正的5G服务。在《美国的5G应有5个F》一文中，我们与中国做了一个比较。如果你买了一个支持5G的苹果智能手机，那么它在美国大部分地区值得购买的唯一原因是，你要去北京看奥运会，在那里你可以用4G的5倍速度下载东西。而在这里（美国），5G的速度与4G相同，有时甚至更慢。这不怪中国，中国做的是好事并且很成功。这要怪美国没有发展得更快、没有找到解决问题的办法。这就是产生竞争的原因。

现在，至少在经济领域，竞争是一件好事。奥运会和田径比赛中的竞争也是一件好事。如果我和一个竞争对手一起跑，我会比独自跑时跑得更快。那么，如何在认识到建设性竞争可以带来双赢的同时，也认识到在竞争中，最终赢得比赛的一方（例如在5G方面）在经济和安全方面将具有优势？[72]

几乎所有的早期关键指标都预示着中国将主导5G的未来。到2020年底，中国有1.5亿5G用户，而美国只有600万；中国有70万个5G基站，而美国只有5万个；中国有460兆赫的授权中频频谱，而美国只有70兆赫；中国的5G平均速度达到300Mbps，而美国的只有60Mbps。在五大5G设备供应商中，两家是中国的；没有一家是美国的。在过去20年里，中国的优秀企业华为已经从占有电信基础设施0%的市场份额成长为世界领先的5G设备供应商，拥有28%的市场份额（而美国曾经的优秀企业朗讯和摩托罗拉的市场份额从2000年的25%下跌到今天的0%）。[73]

为何美国在5G上落后了？在《中国在5G上超越了美国》一文中，艾利森教授指出了美国在5G上落后的两个重要原因。

首先是频谱分配。艾利森教授将华盛顿与美国移动行业的关系描述为"功能失调",这从联邦航空管理局频频阻碍运营商在机场附近提供 5G 服务就可以看出。世界各地的几十个机场附近都开通了 5G 服务,说明这完全没有任何问题。与美国不同的是,中国已经优先扩大 5G 网络覆盖范围,并让 5G 服务商能够使用无线频谱中最高效的部分,即中频段。艾利森教授指出,中国给予 5G 服务商的中频段至少是美国的 3 倍。美国电话电报公司和威瑞森通信公司的 4G 和 5G 网络都使用相同的频段。因此,用一位行业观察家的话说,美国的 5G 网络"只是在 4G 上撒了点儿糖霜"。

在该文中,艾利森教授指出,中国在 5G 基础设施方面的投资要多得多。中国已经投资 500 亿美元建设 5G 网络,并预计在未来 5 年内再投资 1 000 亿美元。相比之下,《创新与竞争法》这个被参议院多数党领袖查克·舒默描述为"维护美国在 21 世纪作为全球当前和未来科技领导者地位的关键"的法案,截至 2026 年只给 5G 网络拨款 15 亿美元。[74]

尽管中国在 5G 建设和应用方面处于领先地位,但艾利森教授指出,美国在 5G 的其他方面确实保持着优势,如研发、标准制定和应用。

王辉耀：美国在 5G 方面是否有优势？

艾利森：美国的 4G 专利支撑着 5G 的基本架构，美国企业目前在行业标准机构 3GPP 的多个委员会中扮演重要角色……在 5G 应用方面，美国的优势包括其科技巨头在全球科技生态系统中的核心地位，在 5G 芯片设计中的领导地位，以及在云基础设施等关键相关技术中的主导地位。但残酷的事实是，如果没有强大的国家 5G 基础设施和生活在 5G 环境中的用户，美国在开发 5G 的下一个杀手级应用方面将处于不利地位。[75]

第三项关键技术是半导体。正如《伟大的科技竞争：中国与美国》报告中所描述的那样，半导体已经成为"我们经济生活和人类生活各个方面最重要的组成部分"[76]。新冠疫情防控期间的芯片短缺向我们展示了这些微小但关键的部件对许多行业和技术的重要性，这些行业包括人工智能、计算机和汽车等。鉴于它们作为科技和创新的通用元素的重要性，芯片已经成为美中科技竞争的一个重要方面。

王辉耀：领先的芯片公司英特尔、英伟达和高通等都是美国企业，这难道不能说明美国在半导体领域占据领先地位吗？

艾利森：美国在半导体行业的主导地位已经保持了近半个世纪，但这一地位被国内投资不足和海外竞争加剧逐渐削弱。尽管美国在芯片设计和半导体制造投入方面仍然领先，但它在半导体制造方面的份额已从1990年的37%下降到今天的12%。[77]

王辉耀：中国在半导体行业有哪些进展？中国能赶上美国吗？

艾利森：中国有潜力成为半导体行业的领导者，我们不能低估中国的潜力，也不应否认这一现实；而且，按照目前的发展轨迹，中国更有可能在2030年之前实现"成为半导体行业顶级参与者"的目标。[78]

半导体制造

艾利森：中国的半导体产量已经超过美国，占全球产量的比例已从1990年的不到1%上升到今天的15%，美国的份额则从 1990 年的 37% 下降到今天的 12%。[79]

1990—2020 年，中国建造了 32 个大型半导体工厂，而世界上其他国家只建造了 24 个工厂。美国则一个也没有建。[80]

中国的优秀半导体制造企业——中芯国际集成电路制造有限公司，在过去 10 年中一直名列代工厂前五名，2020 年其突破性的 7nm FinFET N+1 工艺意味着其先进制造能力已可以与英特尔相媲美。[81]

芯片设计

艾利森：在芯片设计领域，华为的子公司海思已经成长为一个集成电路设计高手。尽管出口管制损害了该企业的近期前景，但在 2020 年，海思成为第一家闯入全球十大半导体公司排名的中国企业，并取代长期市场领导者高通公司，成为中国最大的智能手机处理器供应商。虽然中国仍然依赖进口半导体来满足 85% 的国内需求，但最近的这些成就驳斥了人们几十年来认为的中国半导体行业水平无法赶上全球水平的传统观点。[82]

王辉耀：美国阻止中国获得半导体的政策有何影响？

艾利森：虽然最近美国对华为的制裁和将中芯国际列入实

体名单等行动减缓了中国的发展，但完全切断中国获得先进半导体的途径也将伤害到自己，因为中国市场贡献了美国芯片销售额的 36%。[83]

王辉耀：中国能否在半导体行业迎头赶上甚至领先？

艾利森：美国半导体行业协会预测，在未来 10 年，中国将开发全球 40% 的新产能，并成为世界上最大的半导体制造商，拥有 24% 的市场份额。[84]

在未来 10 年，中国将在成熟技术节点上成为世界上最大的半导体生产国，而阿斯麦公司首席执行官温彼得估计："15 年后，（中国）将拥有半导体产业链所有环节需要的能力（并拥有半导体的技术主权）。"[85]

王辉耀：2022 年《芯片法案》将给予美国芯片制造商超过 500 亿美元补贴，这将产生怎样的影响？

艾利森：即使该法案实施了，美国的投资也将只有中国政府投资的 1/3。1990—2020 年，中国建造了 32 个大型半导体工厂，而世界上其他国家只建造了24个工厂。美国则一个也没有建。……即使有理想的政策，美国公司也不可能超越（中国台湾芯片制造商）台湾积体电路制造股份有限公司在先进芯片制造方面的领先地位。[86]

第四项关键技术是绿色能源。迫在眉睫的气候危机和俄乌冲突再次强化了能源在全球经济和地缘政治中的核心地位。在21世纪，绿色能源的转型可能会像20世纪的石油一样具有重大意义，对许多部门和地域产生广泛的影响。

鉴于绿色能源的重要性和其带来的巨大的经济机会，这一领域成为全球竞争的一个重要领域，包括中美之间。然而，鉴于减少碳排放和绿色能源转型的挑战非常严峻，任何一个国家都无法独自应对，因此若想避免气候灾难，大国必须在此领域合作。

王辉耀：美中两国在绿色能源领域的相对优势是什么？

艾利森： 在利用绿色能源的竞赛中，美国在过去20年里一直是新技术的主要发明者，但中国在制造和应用这些技术方面居于领先地位，这让中国能够主导绿色能源供应链的多个环节。事实上，正如能源地缘政治学专家丹尼尔·耶金所说，"在绿色能源方面，中国已经实现了'中国制造2025'的目标，在21世纪的新产业中取得主导地位"[87]。

王辉耀：中国在绿色科技供应链的哪个环节拥有优势？

装备制造

艾利森：中国现在是可再生能源设备的主要制造商。2000年，中国生产的太阳能电池板不到全球的1%，现在则供应了全球70%的太阳能电池板。相比之下，美国的份额发生了惊人的逆转，从2000年的30%下降到今天的不到1%。世界十大风力涡轮机生产商中有4家是中国企业，占全球市场的40%，而美国的这一比例只有12%。中国在制造业上的优势使其成为全球最大的太阳能和风能生产国，其太阳能产能是美国的3倍多，风能产能是美国的2倍。[88]

原材料

艾利森：中国几乎垄断了太阳能电池板、电池和其他绿色科技所需的一些关键原材料，包括化学锂（占全球产量的50%）、多晶硅（60%）、稀土金属（70%）、天然石墨（70%）、精炼钴（80%）和精炼稀土（90%）。对于国内缺乏的资源，中国已在海外获得保障。中国企业拥有刚果民主共和国14个大型钴矿中的8个（占全球产量的30%），并拥有世界上最大的锂储备51%的股份（加上其他资产，中国已是最大的硬岩锂生产商，占全球产量的50%以上）。而美国40%的锂、80%的钴和100%的石墨都依赖进口。美国可能需要20~30年的时间才能在原材料采购方面赶上中国。[89]

储能

艾利森：在储能方面，据彭博社发布的《新能源展望》的估算，中国控制了80%的电池原材料提炼，77%的电池产能，以及60%的电池部件制造。评估指出，"中国制造商，如宁德时代，在不到10年的时间里从无到有，成为世界领先的制造商"，而"2020年美国在第六位徘徊"。[90]

新能源车

艾利森：中国已经成为新能源车的最大生产国和市场，2020年新能源车销量达130万辆（占全球销量的40%以上），而美国只有30万辆。这种快速增长使中国的新能源车市场规模从2013年仅占美国的20%增加到今天的200%。到2028年，中国与美国的新能源车产量之比将达到约6∶1。中国有超过

100万台新能源车充电基础设施，2019年，每天安装的充电基础设施达到1 000台，而美国总共只安装了10万台。中国企业比亚迪占有新能源公交车市场90%的份额，为洛杉矶和纽约等城市提供公交车。拜登总统认识到中国有可能主导新能源车的未来，他宣布："在这之前，我们应该成为世界上最重要的新能源公交车和汽车的唯一供应商。现在，我们远远落后于中国。"[91]

王辉耀：美国在绿色科技领域拥有哪些优势？

艾利森：美国的优势在于突破性创新。虽然中国在工艺制造上的优势使其在测试和应用绿色技术方面处于领先地位，但正如美国能源部前部长欧内斯特·莫尼兹所说，"美国在过去几十年中表现出了无与伦比的培育能源创新的能力"。在碳捕集与封存技术方面，美国拥有世界上一半以上的大规模碳捕集与封存设施，相关出版物也最多。2020年12月，美国一家固态电池初创企业QuantumScape展示了更安全、循环寿命更长的锂电池，它能将新能源车的续航能力提高80%以上，这一成就被《麻省理工科技评论》评为2021年"十大突破性技术"之一，与 mRNA 疫苗和 GPT-3[①]并列。虽然中国现在是特斯拉最大的市场，但不可否认的是，特斯拉是美国创新生态系统的产物，也是美国能源部先进能源研究计划署最成功的项目之一。[92]

创新要素是赢得美中科技竞争胜利的关键因素。就长期科技实力和国家在创新方面的成功而言，也许比在任何一个部门或科技领域内领先更重要的是，拥有有利于创新的因素和环境，使个人、机构和企业能够在任何已有的领域和未来可能出现的新领域内进行创新。这些"创新要素"中最重要的是人才，支持性研发生态系统，以及有效的科学和技术支持政策。

王辉耀：两国在人才培养方面情况如何？

艾利森：在针对 K-12[②]学生的国际科学和技术排名中，中国在数学和科学方面一直排在美国前面——2018 年，中国的 PISA（国际学生评价项目，评估数学、科学和阅读能力）测验成绩排名第一，而美国排名第二十五。[93]

在科学和工程专业大学本科学位教育上，2000 年美国有

[①] OpenAI 推出的自然语言模型。——译者注
[②] 从幼儿园到高中的教育阶段。——译者注

超过50万名学位获得者，处于全球领先地位，而中国仅有不到36万名。今天，中国的STEM专业毕业生数量约为美国的4倍（130万对30万），计算机专业毕业生数量约为美国的3倍（18.5万对6.5万）。

中国在教育方面有很大优势，每年培养的STEM专业本科生数量是美国的4倍，研究生和博士生数量分别是美国的2倍左右。[94]

王辉耀：中国拥有14亿的庞大人口，难道不是在人才上占了上风？

艾利森：中国的人口是美国的4倍，拥有更大的本土人才库。但是，在一个英语已经成为国际语言的世界里，作为一个以移民为荣的国家，美国的巨大优势在于能够吸引世界上最有才华的科技人才。[95]

中国正在努力吸引世界各地的高端科技人才，但入籍成为中国公民的总人数仍不到2 000。相比之下，在过去20年中，近1 500万人入籍成为美国公民……移民助力美国在科技领域保有领先地位，从美国科技巨头（包括谷歌和英特尔）的联合创始人，到研发新冠疫苗的辉瑞公司和莫德纳公司的创始人及首席执行官。在过去20年美国出现的所有价值10亿美元的初创企业中,有多少是由出生在国外的个人或他们的子女创立或共同创立的?超过了一半。在吸引世界上最有才华的发明家和企业家并给予他们实现梦想的自由和机会方面,美国仍然是无与伦比的。[96]

王辉耀:美国能否保持其吸引全球人才的能力?

艾利森:尽管美国一直以来受益于其从全球79亿人口(2021年)中吸引人才的能力(美国《财富》全球500强企业中几乎一半是由移民或其子女创立的),但正如美国人工智能国家安全委员会所承认的那样,"引入国际学生的竞争已经加速……在我们有生之年第一次,美国有可能在争取科学前沿人才中失利"[97]。

王辉耀:美国和中国的研发支出相较如何?

艾利森:在21世纪初,美国的研发支出位居第一,按2019年购买力平价计算,为2700亿美元;其次是欧盟,为

1 800 亿美元。同期，中国的研发支出只有美国的约 12%，为 330 亿美元。但到 2020 年，中国上升到第二位，研发支出是美国的 90%。按照目前的发展趋势，中国的研发支出将在未来 10 年内超过美国。[98]

尽管美国在科学发展的长期驱动力方面保持着强大的优势（美国的基础研究支出占全球的 60%，而中国仅占 20%），但中国非常注重将科研成果转化为商业产品，现在每年在成果转化方面的支出比美国多近 700 亿美元。[99]

王辉耀：哪个国家拥有更多专利、科技论文和创新企业？

艾利森：在国际专利申请中，中国在 2019 年取代美国，成为 PCT（《专利合作条约》）第一大用户，当年中国申请了 22% 的 PCT 专利，而 2000 年时只有 0.6%。同一时期，美国的比例从 42% 下降到 22%。2016 年，中国超过美国，成为产出科技论文最多的国家，现在产出的科技论文占全球的 20% 以上。[100]

虽然有 6 家美国公司在全球十大最有价值的科技公司榜单中名列前茅，但也有 6 家中国公司在开拓新技术的十大最有价值的独角兽公司名单中位居前列。[101]

军事竞争

美中在经济和科技方面既有合作和互利，也有竞争，但在军事领域，竞争基本上是零和博弈。

当然，没有人愿意想象美国和中国之间发生战争或任何形式的军事冲突。事实上，防止出现这种对抗是艾利森教授进行美中关系研究和写作的主要动机，也是本书的核心目的。然而，正如需要了解美国和中国在经济、金融和科技领域不断发展的竞争一样，了解双方在军事力量方面的竞争也很重要，因为只有这样才能管理这种竞争，并确保下文中描述和分析的能力永远不会因愤怒而被使用。

正如艾利森教授所指出的那样，关于美国和中国之间的军事平衡，最突出的一点是两国都具备强大的二次核打击力量，这意味着一方对另一方的任何攻击都可能导致双方毁灭。

即便如此，在这个核毁灭的门槛之下，两国的经济发展趋势也将影响国防预算以及新武器和其他系统的开发和部署，从而影响两国的军事力量平衡。

艾利森教授的团队进行了深入研究，绘制了美国和中国在各个不同领域的军事力量发展趋势，2021年12月，艾利森教授将其研究成果和主要结论以报告形式呈现——《伟大的军事竞争：中国与美国》。在这份报告中，有两个结论非常突出。

第一，美国在军事上不再保有优势。第二，虽然美国仍是独一无二的军事超级大国（拥有无与伦比的力量投射能力和联盟体系），但中国和俄罗斯现在是"需要被严肃对待的军事对手"，可以在某些领域与美国匹敌。本章的其余部分将引用该报告和艾利森教授关于军事的其他文章，对这些发现进行深入探讨。

王辉耀：美国的国防支出难道不是比中国的国防支出多得多吗？

艾利森：美国国防预算用于承担其全球军事基地和部队的花费，以履行其对欧洲、中东、南美和亚洲的承诺。美国目前在全球有750个海外军事基地。因此，尽管美国印太司令部的"责任区"包括世界上一半的人口和三个最大经济体中的两个，但其指挥官必须与负责履行美国对其他地区的承诺的指挥官争夺资金。相比之下，中国的国防预算则集中在东北亚。[102]

按照传统的标准——市场汇率来衡量，1996年，中国报告的国防预算是美国的1/30。2020年，中国的国防预算是美国的1/4。如果把出现在其他预算中的支出（例如军事研究和发展）纳入其中，那么中国的实际国防预算是美国的1/3。如果以经济和军事潜力的最佳标准（购买力平价）来衡量，那么中国的国防预算是其声明的两倍多……这使中国的整体国防支出超过了美国的一半,并且即将赶上美国。

2020年,美国的国防预算为7 380亿美元,而中国报告的预算按当时的市场汇率计算为1 780亿美元。但是,如果将中国官方报告中排除的但计入美国国防预算中的项目,包括研发(美国在这方面的支出超过1 000亿美元)、退伍军人的退休金和建筑费等计算在内,那么如斯德哥尔摩国际和平研究所所发现的那样,自1996年以来,两国国防支出之比从19∶1缩小到了3∶1。[103]

虽然美国的国防支出仍然较多,但艾利森教授指出,实际情况比公开的国防预算原始数字要复杂。首先,需要记住的是,美国的国防支出覆盖的地理区域比中国要大得多。其次,我们还应该考虑衡量国防支出标准的差异以及支出包括哪些项目。许多专家认为,作为衡量经济实力的标准,购买力平价比市场汇率更有效。艾利森教授指出,在比较国防支出上也是如此。

王辉耀:如果以购买力平价来衡量,那么两国国防支出对比将发生什么变化?

艾利森:在比较国防预算时,不仅要考虑每个国家支出了多少钱,还要考虑每个国家在这个价格上得到了多少回报。美国中央情报局和国际货币基金组织都认为,比较国家支出的最佳单一指标是购买力平价。

解放军购买基地、舰艇或 DF-21 导弹是以人民币支付的,价格远低于美国同等产品的成本。

在比较国防支出方面,最棘手的问题是人员费用……解放军现役士兵的平均费用是美国的 1/4。美国国防部目前平均每年花在每个现役军人身上的费用超过 10 万美元,包括工资、福利和退休计划拨款。相比之下,在解放军 203.5 万名现役人员中,每个人的预算平均为 2.8 万美元。

总之,按购买力平价计算,在 2020 年,中国的国防支出将近美国的 53%,而且在可预见的未来,中国的国防支出将达到与美国同等水平。[104]

王辉耀:人工智能和量子计算等前沿技术将如何影响军事力量的平衡?

艾利森:人工智能通过改善视觉和目标定位、缓解人力问题、加强网络防御和加速决策,发挥力量倍增器的作用。它的优势在美国国防部先进研究计划署于 2020 年 8 月进行的

AlphaDogfight 试验中表现得很明显，当时人工智能算法以 5∶0 横扫人类 F-16 飞行员。……中国在量子技术的某些领域处于领先地位，这是一种能够改变游戏规则的优势，可以保证通信安全，发现隐形飞机，使潜艇导航复杂化，并破坏战场通信。[105]

王辉耀：中国在太空探索和太空科技方面的进步有什么意义？

艾利森：中国正在运转的情报、监视和侦察以及遥感卫星有 120 多颗，仅次于美国。中国还在优化其北斗精度、导航和计时系统，以替代全球定位系统。2019 年，北斗卫星群的规模和视程超过了全球定位系统。2021 年 4 月，中国发射了其第一个空间站的核心舱，在 20 年内取得了美国用 40 年时间得到的成果。美中经济与安全审查委员会认为，"中国的专注和在国家层面承诺将自己建设成全球太空领导者……有可能削弱美国长期以来努力建立的许多优势"[106]。

外交竞争

2022年8月,艾利森教授和他的团队发布了《伟大的外交竞争:中国与美国》报告,这是《伟大的竞争》系列报告的五个主题报告之一。在这份报告中,作者对美国和中国的治国方略和外交情况进行了评估,认为其是两国竞争的重要组成部分,且在未来几年内竞争将继续加剧。报告比较了两国在外交各个方面的表现(在2022年俄乌冲突爆发以及随后广泛的制裁和外交活动之前)。与本系列报告的其他主题报告一样,它也提出了评估双方实力的标准和指标,并对外交中相对的"竞赛状态"进行判断。

在总结中国和美国之间的外交竞争情况时,艾利森教授称现在"游戏开始了",因为中国已经更加坚定,"要像在其他领域一样,在双边和多边外交中积极地竞争"。艾利森描述了外交如何在华盛顿成为一门"失落的艺术",他引用了美国中央情报局局长威廉·伯恩斯在回顾过去30年历史时发表的言论。然而,虽然伯恩斯承认美国已经丢失了外交这门艺术,但他认为"中国还没有掌握这门艺术"。下文简要介绍了报告中艾利森用来比较美国和中国的外交实力与表现的一些关键指标和相关评估。

王辉耀：你如何定义外交？

艾利森： 根据我们发现的最有用的定义，外交是"通过对话、谈判和其他非战争或暴力的措施来影响外国政府和人民的决定和行为的常用方法"。因此，它是一门复杂的艺术，结合了关系、宣传、诱导、威胁、胁迫和语言要素，在不使用武力的情况下推进一个国家的议程。[107]

王辉耀：外交的关键要素是什么？

艾利森： 从概念上讲，外交包括3个复杂的层面，即治国方略、制度体系和日常工作。治国方略包括一个国家对其在世界上的角色的基本定位，以及它为应对获取生存和幸福所面对的重大挑战而选择的道路。……如果一个国家制定了无法实现的目标，那么即使拥有最好的制度体系，日常工作做到最优秀，也注定要失败。在国家大战略的基础上，第二个层面——制度体系包括设计及构建制度、规范和程序，以实现国家目标。……外交的第三个层面是被美国政治家乔治·舒尔茨称为"园艺"的日常工作：除草和播种，浇灌和培养关系，以影响目标国家的选择和行动。[108]

王辉耀：当前美国和中国的外交网络能否分出高下？

艾利森：2019年，中国的外交网络超过了美国，成为全球第一。

如今，中国有276个驻外大使馆、领事馆和其他驻外机构，而美国有273个驻外机构。拜登上任一年以来，在美国所有设有大使职位的大使馆和领事馆中，超过1/3（69个）尚未派驻大使。这在很大程度上是由于个别参议员决定"搁置"被提名的人——包括美国驻华大使，他在参议院投票的9个月后终于得到任命。与之相反，没有一家中国大使馆出现过大使空缺。[109]

王辉耀：两国在高级官员访外方面情况如何？

艾利森：1993—2000年，江泽民主席出国访问了67位国家领导人，而克林顿总统访问了133位，中国访问的领导人的数量大约是美国的一半。但2013—2020年，习近平主席的国际访问次数达到98次，奥巴马和特朗普加起来是103次，双方几乎等同。另一方面，美国国务卿继续保持比中国同行更高的出访频率：2013—2019年，美国国务卿出访501次，而中国相应的出访只有254次。[110]

王辉耀：中美在国际组织中的存在和行为如何变化？

艾利森：在过去 20 年里，在国际组织中工作的中国人数量急剧增加，而且在这些组织中，中国的外交官们已经走上了领导岗位。2000 年，中国官员没有担任任何联合国专门机构的领导职务；2020 年，他们担任了 15 个机构中的 4 个机构的领导职务，而美国官员只担任了一个。随着美国对国际机构的贡献减少，中国已经介入，成为 2019 年联合国安理会常任理事国中派遣维和人员最多的国家（美国派遣的维和人员是最少的）。2000 年，中国是联合国常规预算的第 16 大贡献国，如今中国已超过日本，成为第二大贡献国，仅次于美国。[111]

王辉耀：你如何评价美国和中国外交实力平衡的变化？

艾利森：在大多数指标上，中国相对于美国的地位在过去 20 年里显著上升。在主办峰会、与国家元首的一对一会晤、在中国和其他国家首都与主要内阁官员面对面会晤、大使馆和领事馆的数量、驻外外交官人数、在国际组织中的代表席位、外交事务支出、外交培训以及在国际组织中的领导地位方面，中国已经取得了巨大的飞跃。[112]

王辉耀：目前其他发达国家如何看待两国？

艾利森：皮尤研究中心一项针对14个国家的调查显示，2018—2020年，对中国的负面看法"飙升"到新的高度。事实上，每一个被调查国家的"多数人"都对中国持有"负面看法"。澳大利亚81%的人对中国持负面看法，英国74%，瑞典85%，加拿大73%，日本86%。仅在2020年，澳大利亚对中国持负面看法的人数就上升了24%，英国19%，瑞典15%。与之相比，皮尤研究中心2021年的民意调查显示，美国政府的更迭所带来的好感度急剧上升，拜登上任后，对美国持积极看法的受访者从34%跃升至62%。[113]

王辉耀：美中两国软实力相较如何？

艾利森：根据约瑟夫·奈教授的说法，软实力是指"利用积极的吸引力和说服力来实现外交政策目标"，主要是通过让其他国家"想你所想"来获得。综合报告《软实力30强》[①]分析了来自五大洲30个国家的民意调查数据。该报告通过一个国家的"文化吸引力"、高等教育体系的声誉、经济模式的吸引力以及与世界的数字化联系程度等指标来衡量该国的软实力。在2019年的报告中，美国得分77.8，而中国得分51.85，美国领先中国20多分。美国在报告中位列前五，中国则排在后五名。[114]

国际秩序的未来

前文概述了艾利森教授对重塑美中关系的"结构性变化"的分析，即在经济、金融、技术、军事和外交领域的权力平衡中发生的结构性变化。最后，艾利森教授探讨了这些结构性变化对国际秩序的影响以及美国和中国在其中的作用，包括单极时代之后的形势，"势力范围"的回归，全球化的未来，以及为什么美国和中国"注定要共存"。

---

① 由英国波特兰公关公司与美国南加州大学公共外交研究中心联合发布。——译者注

王辉耀：如果单极秩序结束，取代它的将是什么秩序？这将如何影响美国在世界上的角色？

艾利森：美国决策者发现美国掌握的全球权力分量已经缩水，这是更加缓慢而又令人痛苦的过程。如果用购买力平价来衡量，那么第二次世界大战后美国经济占全球GDP的一半，到冷战结束时已降至全球GDP的1/4以下，如今仅占1/7。对一个核心战略是以资源压制挑战的国家来说，这种下降令美国的领导地位受到质疑。[115]

单极秩序已经结束，其他国家将在美国主导的国际秩序中获得自己想要的位置的幻想也随之破灭。对美国来说，这种秩序需要美国接受这样一个现实，即当今世界存在着一些"势力范围"，而并非所有这些"势力范围"都属于美国。[116]

王辉耀："势力范围"是什么意思？

艾利森：当一个国家和另一个国家之间的权力平衡转变为一方成为主导时，新的权力平衡就会产生，这种平衡所投射的影子实际上成为一个"势力范围"。这个特定的术语是在19世纪初进入外交学词汇库的，但其概念和国际关系本身一样古老。(修昔底德指出,在公元前5世纪波斯人战败后,斯巴达要求雅典不要在其城邦周围重建城墙,以使其处于弱势。)在传统上,大国要求较小的国家在边界和近海给予一定程度的尊重,并期望其他大国尊重这一事实。中国和俄罗斯最近在各自周边地区的行动就是这一传统的最新案例。[117]

王辉耀:进入21世纪后,"势力范围"发生了什么变化?

艾利森:"势力范围"也超越了地理范围。当美国在创建互联网以及构成互联网的硬件和软件方面处于世界领先地位时,美国享受着国家安全局前局长迈克尔·海登后来所称的"电子监视的黄金时代"。由于大多数国家不知道美国国家安全局具有前承包商雇员爱德华·斯诺登披露的监视能力,因此美国在利用技术窃听、跟踪甚至影响这些国家方面拥有无与伦比的能力。但在斯诺登事件后,许多国家抵制美国阻止它们向中国电信巨头华为购买5G无线基础设施的行动。正如目前正在考虑这一选择的某位国家领导人所说的那样,华盛顿正试图说服其他国家不要购买中国的硬件(因为这将使中国更容易进行间谍活动),而是购买美国的硬件(因为这将使美国更容易进行间谍活动）。[118]

王辉耀：在新的多极世界中，全球化的未来将如何演进？

艾利森： 尽管全球化持续受到批评，但它仍将是一股强大的力量，能重塑我们所知的以国家为基础的国际关系。建立在由美国主导的国际秩序基础上的同样由美国主导的全球化，在几乎每一个方面都使产生巨大利益的建设性竞争成为可能。从科学和医学的进步，到技术和产品以及思想、人类经验、个人关系、食物乃至生活，一个允许更多国家的更多个人为其增加价值的框架带来了超出想象的好处。同时，政策制定者将不得不在全球化的收益与全球竞争扰乱所有国家的正常形态和生活这个现实之间取得平衡。新技术也会带来危害——正如我们所看到的那样，在"9·11"事件中，恐怖分子劫持了飞机，将其改装为制导导弹，并摧毁了世界贸易中心。全球化给各国带来了不同的影响，每个国家都可以利用从中获得的利益来提升自身的军事和情报能力。此外，在帮助"其他国家崛起"方面，全球化对一个几十年来习惯于占据不受挑战的优势地位的国家构成了特别的挑战。[119]

在 2019 年发表的文章《美国和中国能否成为竞争伙伴？》中，艾利森教授还强调了两国必须认真合作才能保障在其他领域的最重要的生存利益。

王辉耀：尽管竞争激烈，但为何美国和中国"注定要共存"？

艾利森：21 世纪的客观情况要求美国和中国必须共存，否则就只能共同毁灭。两个客观现实要求双方必须这么做。首先是核武器。在冷战期间，我们痛苦地认识到，苏联强大的核武库能够发动第二次核打击，我们生活在一个"相互保证毁灭"的世界里。这意味着如果一方攻击另一方，那么最终双方都会被摧毁。因此，这就像是一种共同自杀行为。我把它比作不可分割的连体双胞胎，如果一方在冲动之下勒死了另一方，那么虽然可以成功地杀死自己的孪生兄弟，但也会杀死自己。这就是今天美中关系中的核武器现实。尽管美国的核武库更大，但如果发生全面核战争，那么最终美国也会被摧毁。这就是"相互保证毁灭"机制。①

在21世纪，我们还面临气候威胁。中国是世界第一大温室气体排放国，美国是第二大排放国②，两国居住在同一个生物圈。任何一方都可以仅凭自己就将地球环境破坏到谁也无法生存。因此，气候领域也存在一个类似核领域的"相互保证毁灭"机制。

此外，美国和中国在全球化进程和全球经济中的交织如此紧密，以至于双方都无法在不削弱自己的情况下进行"脱钩"。因此，一方面，美国和中国将是激烈的竞争对手；另一方面，自然和技术问题迫使双方合作，这样才能生存。[120]

像埃博拉或猪流感这样的病毒是不分国界的。因此，正如肯尼迪所说，在一个"我们都呼吸着同样的空气"的地球上，合作防止病菌传播对于保护本国公民是必要的。[121]

金融危机，如2008年雷曼兄弟公司倒闭后发生的事件，

---

① 英语为"Mutually Assured Destruction"，简称M.A.D.机制，亦称共同毁灭原则，是一种"俱皆毁灭"性质的军事战略思想，指对立的双方中如果有一方全面使用核武器，那么双方都会被毁灭，又被称为"恐怖平衡"。——译者注

② 在1750年到2019年的270年间，美国累计排放4 125亿吨温室气体，约占全球总量的1/4，是全球最大的累计排放国，为中国排放量的近两倍。参见中国外交部《美国对华认知中的谬误和事实真相》，2022年6月19日，http://www.news.cn/world/2022-06/19/c_1128756086.htm。——译者注

引发了大萧条,并可能导致第二次大萧条,只有世界上最大的两个经济体合作才能管控好。在2008年,两国做到了。正如美国财政部前部长汉克·保尔森(美国在2008年金融危机中的关键人物)所言,在可能引发全球大萧条的情况下,中国在国内实施财政刺激政策方面的合作至少与美国的行动同样重要,也许更重要。(那些已经忘记了20世纪20—30年代大萧条的政治后果的人应该上网搜索一下法西斯主义和纳粹主义。)[122]

第三章

**中美真的
"注定要有
一战"吗?**

幸运的是，美国政府和中国政府都知道，热战对双方都是一场灾难。两国政府中没有一个严肃认真的人想要战争发生。不幸的是，历史上有许多这样的例子：领导人并不希望发生战争，但他们发现自己被迫做出关乎命运的选择，要么接受他们认为不可接受的损失，要么采取增加战争风险的措施。

——格雷厄姆·艾利森[1]

战争的发生充满偶然性。人类的其他活动都不像战争这样存在那么多偶然性。它增加了每一种情况的不确定性，并扰乱了事件的进程。

——卡尔·冯·克劳塞维茨[2]

即使领导人决心避免战争，战争也可能会发生。一些事件或其他人的行为会缩小他们的选择范围，迫使他们做出可能增加战争风险的选择，而不是默许不可接受的方案。伯里克利并不希望与斯巴达开战。德国皇帝也不想与英国开战。毛泽东最初反对金日成在1950年攻击韩国，因为他担心会受到回击。但情势往往要求领导人在坏和更坏之间做出选择。而一旦军事机器开始运转，误解、误判和纠葛就会升级为冲突，远远背离任何人的初衷。

——格雷厄姆·艾利森[3]

上一章概述了艾利森教授对美中关系结构性变化的评估，这种变化为修昔底德陷阱埋下了伏笔——一个崛起的大国（中国）相对于一个占主导地位的守成大国（美国）在经济、科技和军事等各个领域的实力不断增强。

然而，结构性的权力转移本身并不会导致战争或使战争不可避免。国家领导人和政策制定者在发现国际关系出现结构性变化的情况下仍然有管理权力。他们可以做出将增加或减少战争发生可能性的决定，包括对对手展开敌对军事行动的最终决定。

这就提出了一个问题——尽管考虑到构成修昔底德陷阱的结构性因素已经形成，但在双方都不想发生战争的情况下，中美之间在21世纪可能会发生战争吗？

在《注定一战》一书中，艾利森教授有力地指出答案是肯定的。他强调了历史上的众多案例——大国陷入一场没有任何一方真正想要其发生的战争。他展示了在危险的修昔底德动态中，误解如何被放大，误判如何成倍增加，风险如何扩大升级。他展示了本来可以控制的无关事件如何迫使一方或另一方做出反应，引发恶性循环，从而将两国拖入一场谁都不愿其发生的战争。

为了阐明中美之间是否会发生这种情况，本章指出了艾利森教授对双边竞争的现状、可能影响战争爆发的因素（如人性、野心和意图，以及文化和政治因素），以及可能导致美国和中国发生军事冲突的潜在导火索。

王辉耀：如果我们仔细观察今天的美中关系，那么它与"修昔底德陷阱"模式有相似之处吗？

艾利森：如今中美竞争的状态如何？和修昔底德陷阱的发展轨迹一模一样。如果修昔底德看到，那么我想他会说，"这看起来是我所见过的最宏伟的崛起国，正加速赶上我所见过的最庞大的守成国，面对一股不可阻挡的力量和一个不会让位的国家,我将看到有史以来最大的碰撞",特别是那些描述美中关系的战略理论,在华盛顿和北京都已经"破产"了。[4]

王辉耀:中美会梦游般地走向战争、跌跌撞撞地走上20世纪初德国和英国的老路吗?

艾利森:有这种可能性,这让许多读者觉得不可思议。但是我们应该记住,当我们说某件事是"不可想象的"时,我们说的并不是这件事发生的可能性,而是我们有限的想象力无法想象到它的发生。

对于我们是否正在梦游般地走向战争,我的回答是"是的"。以下是我用4条"推文"总结的论点:第一,未来10年的战争风险与一个世纪前德国和英国面临的风险惊人地相似。第二,2 500年前,修昔底德在分析雅典和斯巴达之间的大战时,就明确指出了导致第一次世界大战和可能会引发第三次世界大战的主要驱动因素。第三,在这种情况下,防止战争爆发需要的战略想象力将远超华盛顿或北京迄今看到的所有东西。第四,在这种情况下,潜在的最有能力的帮手是欧洲,但是欧洲缺位了。[5]

王辉耀：中美之间的战争是不可避免的吗？

艾利森：不，中美之间的战争不是不可避免的，不是不可避免的。我的书《注定一战》要说的并不是战争是不可避免的。重要的事情说3遍。

这本书的目的是防止战争发生，而不是预测战争，也不是建议开战。战争是一个疯狂的想法，是一个灾难性的想法。如果战争发生，那么政治家们不能将其归咎于历史的铁律，而是因为他们未能采取本可以采取的行动来防止战争发生。本书的目的是试图激励善于思考的中国人和美国人以及世界上的其他人。我们都应该想想能做些什么来防止一连串可能导致战争的事件，因为战争对每个人来说都是灾难性的。[6]

王辉耀：哪些因素可以引发导致战争的修昔底德动态？

艾利森：情况很复杂，每个案例的具体情况都不同，但基本上可以分为3个层次。

第一个层次是物质层次，马克思称之为客观条件。第二个层次是感知、情感和心理活动，马克思称之为主观因素。第三个层次是政治，即每个政府内部争夺权力的斗争。让我们以今天的中国为例。首先，在正常情况下，中国正在实现伟大复兴的梦想。这和美国没关系，中国不是要取代美国，只是让穷人不那么贫穷，让普通人过上小康生活，让已经过上小康生活的人变得非常富裕。致富是一个高尚、合理、可以理解的愿望。

但美国已经习惯占据每一个啄序的顶端，例如，第一大贸易伙伴，拥有最多亿万富翁的国家，人工智能的领导者，等等，中国的强大令美国感到不舒服。英国看到德国变得强大时，斯巴达看到雅典变得强大时，都是如此。第一个层次就是现实的情况，也就是客观条件。

其次，客观条件是通过感知、情感和心理活动来处理的，这往往会导致错误的认知。在修昔底德陷阱中，这是灌输在斯巴达心中的恐惧。感知、情感和心理活动的结合，常常导致误解甚至误判。

最后是政治，在每个政府内部的政治斗争中，没有人希望在国家安全问题上有任何反对意见，因此每个人都努力比政敌更强硬。实际上，在目前华盛顿的辩论中，你可以看到民主党人的立场是从右翼开始反对中国，这似乎很难令人相信。但这就是政治的运作方式，尤其是事关国家安全问题的政治。因此，将这3个层次叠加在一起，即对现实的认知加上政治，就产生了一种极端的脆弱——一些极端的行为或第三方的行为会成为一个导火索，引发一场风暴，进而带来战争。[7]

王辉耀：美中领导人将如何防止修昔底德陷阱发生和降低导致战争的可能性？

关于中国领导人

艾利森：最了解修昔底德陷阱危险的人是中国领导人习近平主席。他经常讲，要想应对中美两国之间的挑战，最好的办法是建立一种新型大国关系。如果我们成功建立一种新型大国关系，就可以避免修昔底德陷阱。正如一个直接为习近平主席工作的人对我说的那样："你认为习近平主席为什么要谈新型大国关系？旧的模式存在什么问题？"他接着说："原因是我们知道在旧的关系模式里，几个世纪以来许多国家走向冲突，且往往是灾难性的冲突，而我们并不希望美中关系也走上这样一条路。因此，为了防止这种情况发生，我们需要建立新型大国关系。"[8]

关于美国领导人

艾利森：我认为好消息是，美国总统拜登是一个务实的人，并且一直都在思考国际事务。我认识他已经超过40年了。他曾在参议院任职，曾担任对外关系委员会[①]主席，还曾担任

[①] 创建于1921年，是美国最大和最有影响的智库，有"超级智囊团"、"无形政府"和"真正的国务院"之称。——译者注

副总统。他和习近平主席相处的时间可能比普京或在此之前的李光耀以外的任何其他领导人都长。他们彼此了解。当他们在2021年9月通电话时,他们并不是从头开始建立关系。他们是在已有关系的基础上交流的。[9]

拜登完全了解,美国和中国共同生活在小小的地球上,双方都面临着仅靠自己无法战胜的生存挑战。科技和自然决定了这两个大国必须找到共存方式,以免同归于尽。作为一名冷战老兵,拜登清楚我们仍然生活在一个"相互保证毁灭"的世界里,而如今大多数人都不理解这一点。他回忆到,对美国的决策者来说,要让他们了解核大战的"相互保证毁灭"的概念并接受它对治国方略的影响非常困难。[10]

王辉耀:中美之间的意识形态分歧能否得到控制?还是更有可能加剧?

艾利森:中美之间的意识形态分歧会愈演愈烈。在拜登的民主党政府中,美国和中国在个人自由、人权和民主方面的根本分歧将比特朗普时期更加显著。在民主党选民中,人权倡导者影响力更大,拜登在竞选中表明,将更加严厉谴责中国的一些行为。此外,所有美国人都赞同我们《独立宣言》的主张,即造物主赋予所有人不可剥夺的权利，包括生命、自由和追求幸福。这包括今天这个星球上的 77 亿人（2020 年）。美国人还相信，民主是确保公民自由的最佳政府形式。

当然，有思想的美国人知道，这些都是愿望，而不是成就，而且我们的民主，正如我们所说，也是"尚未完成的工作"。在《注定一战》一书中，我非常清楚地陈述了我的判断：如今，美国的民主已经功能失调——华盛顿①已经名副其实地成为"功能失调的首都"（Dysfunctional Capital）的首字母缩写。拜登总统已经明确宣布，他的第一个也是最重要的挑战将是重新统一一个严重分裂的国家，以表明我们的民主可以为我们所有的公民服务。但我们的失败并不能说明他国就没有缺陷。我们没能实现愿望也不会妨碍我们批评他国的不足之处。[11]

艾利森教授于 2017 年 12 月在《朝日新闻》上撰文，认为美国和中国在某些方面是相似的，比如它们都认为自己比较特殊。然而，他也写到，它们对世界秩序有着非常不同的构想。

艾利森教授 2017 年在《外交事务》杂志上撰文，详细描述了美国和中国之间存在着某种"文明上的不相容"，这可能

---

① 美国首都的全名为华盛顿哥伦比亚特区（Washington, District of Columbia，缩写为 Washington, D.C.）。——译者注

会增加修昔底德陷阱的风险并加剧双边竞争。艾利森教授写到，这些差异在美国和中国对社会和世界秩序的关键组成的概念的分歧中体现得最为明显。艾利森教授承认，他所描述的差异是大略的概括，无疑过于简化，并不能完全反映美国和中国社会的复杂性。但他认为，这些差异是重要的警示，美国和中国的政策制定者应该牢记这些差异，以避免战争。

艾利森教授还认为，两国对于个人的定位也有不同的看法。他提到，对美国来说，个人自由是《独立宣言》中的一个核心价值，该宣言宣称人人生而平等，他们被造物主赋予某些不可剥夺的权利。宣言明确指出，这些权利包括生命、自由和追求幸福，并宣称这些不是可以辩论的问题，而是"不言自明"的真理。在艾利森教授看来——正如美国人所理解的那样，个人自由打破了等级制度；而中国人认为，个人自由带来了混乱。

王辉耀：美中在哪些方面相似？在哪些方面根本不相容？

艾利森：中国人相信在国内外都可以通过等级制度来实现和谐。要想知道他们会如何为亚洲的秩序提建议，可以看看他们如何安排自己社会的秩序。相比之下，美国人敦促其他大国接受一个"基于规则的国际秩序"。但在中国人眼中，这显然是一个由美国人制定规则、其他国家服从命令的秩序。[12]

美国人认为政府是一种必要的恶,并认为必须警惕和限制国家施行暴政和滥用权力的倾向。对中国人来说,政府是一种必要的善,是确保秩序和防止混乱的基本支柱。在美国式的自由市场资本主义中,政府制定规则并执行,国家所有制和政府对经济的干预有时会出现,但都是不受欢迎的例外。在中国的市场经济中,政府制定增长目标,挑选和补贴一些行业以促进其发展,补贴优秀企业,并实施重大的长期经济项目,以促进国家利益。

中国文化并不推崇美国式的个人主义,因为美国式的个人主义是以保护个人权利和促进个人自由的程度来衡量社会的。事实上,中文中的"个人主义"一词暗示了一种自私的将个人利益置于集体利益之上的做法。在中国,"不自由,毋宁死"相当于"如果没有一个和谐的集体,还不如去死"。对中国来说,秩序是最高的价值,和谐来自等级制度,制度下的人要遵循孔子思想中的第一重要的伦理道德:各安其位。①[13]

---

① 此处艾利森对儒家思想的阐释并不全面。秩序本身并不是目的,秩序所维系的稳定、和平与繁荣才是目的。如果统治者恶政治国、对民生疾苦漠不关心,那么推翻这种统治才是儒家所谓的"仁义"之举。孔子提出的"君君、臣臣、父父、子子"是有前提的,关系是相互的,例如"君使臣以礼,臣事君以忠";孟子告齐宣王曰:"君之视臣如手足,则臣视君如腹心;君之视臣如犬马,则臣视君如国人;君之视臣如土芥,则臣视君如寇雠。"孟子曰:"无罪而杀士,则大夫可以去;无罪而戮民,则士可以徙。"——译者注

至少自第二次世界大战结束以来，华盛顿一直试图防止出现一个能够挑战美国军事统治地位的"同等级竞争者"。但战后美国的国际秩序观念也强调需要一个基于规则的全球体系，即使是美国也要受到约束。① 14

艾利森教授还表示，中美两国都具有同一个可能加剧文化冲突的特殊之处，那就是它们都倾向于有一种"极端的优越感"。在两国的文化基因中，它们都把自己看成是无与伦比的和出类拔萃的。但在现实中，只有一个能成为第一。艾利森教授引用了新加坡前总理李光耀的话，对美国能否接受和适应一个崛起的中国表示担忧，"美国人的文化优越感将使这种调整变得极为困难"。

艾利森教授指出，美国人将自己视为文明的先锋，尤其是在政治发展方面。例如，当《独立宣言》宣布人人生而平等并被赋予包括生命、自由和追求幸福在内的权利时，该文件宣称这些是"不言自明"的真理，不容置疑。

---

① 美国及北约多次在未获得联合国授权的情况下，发动、介入战争，如1999年轰炸南斯拉夫联盟共和国、2003年发动伊拉克战争、2011年介入叙利亚内战。美国还不断依据国内法对别国实施经济金融制裁以达到自身目的，即"长臂管辖"，例如制裁俄罗斯与德国等欧洲国家合作的"北溪-2"天然气管道项目，禁止欧洲企业与伊朗合作，以华为违反了美国对伊朗的制裁令为由在加拿大抓捕华为公司首席财务官孟晚舟，等等。——译者注

同时，艾利森教授写到，中国的例外主义并不亚于美国。他引用了历史学家哈利·盖尔伯的话——中华帝国将自己视为"文明宇宙的中心"，在帝国时代，"中国的士大夫根本不会从现代意义上的'中国'或'中国文明'的角度来思考"。艾利森教授写到，中国至今仍为其文明成就感到自豪，他引用了习近平主席在2014年出版的《习近平谈治国理政》一书中的一句话："中华文明绵延数千年，有其独特的价值体系。"[15]

王辉耀：中国想要什么？中国想取代美国在亚洲的地位吗？

艾利森：习近平主席想要什么？一言以蔽之，实现"中华民族伟大复兴"[16]。

习近平主席提出的"中国梦"结合了繁荣与强大——相当于西奥多·罗斯福描绘的美国世纪的宏大愿景和富兰克林·罗斯福充满活力的新政的结合。它抓住了10多亿中国人的强烈渴望：富裕起来、强大起来、获得尊重。习近平希望在他的有生之年，中国可以通过维持经济奇迹、培养爱国公民和在世界事务中不向其他大国低头来实现这3个目标。[17]

我们向李光耀提出的问题之一是，中国目前的领导人，是否真的想在可预见的未来取代美国,成为亚洲的主导力量?中国人通常觉得这个问题令人不适。中国的学者们觉得这个问题更加令人不舒服。所以,你无法让大多数中国学者来回答这个问题。李光耀当时已经88岁了。他说他只是按照他所看到的来判断。他是怎么说的?他说:"当然了。为什么不呢?有谁不这么想呢?到那时,中国怎么能不渴望成为亚洲第一呢?"[18]

王辉耀:中美正在"冷战"吗?

艾利森:嗯,答案是——不幸的是,我是个教授,所以这个问题很复杂——答案是肯定的,也是否定的。但如果我只能选一个,那么我会说"没有"。让我简单地解释一下。美国和中国之间的关系是一种竞争关系吗?修昔底德精准地捕捉到了这种竞争:两个国家之间权力的跷跷板快速变化,最初,竞争的双方由于处于跷跷板两端,高度不同,要视线向下或者向上来看对方,但突然之间,跷跷板动了。

这就是我在书中描述的修昔底德竞争,我认为这是对我们所面临的问题的最佳诊断,所以我认为这就是现实情况。但与此同时,美国和中国生活在一个小小的星球上,两国都有核武库,都向同一个有限的生物圈排放温室气体。因此,在这个星球上，它们中的任何一方，都可以毁掉这个自己和另一方共存的世界。所以我将两国比喻成本质上不可分割的连体双胞胎。无论我对竞争对手有多大的敌意，无论对方有多该死，如果我屈服于这种诱惑，杀死了对方，那就等于自杀。我的生存事关国家利益，这需要我找到一种方式与你共存，即使与此同时，我也在与你进行激烈的竞争。这就是我对中美问题的看法，因此我认为中美之间没有冷战。有人认为世界上可能会出现新的经济铁幕，美国在一边，其他人都会加入美国这一边，而中国在另一边，这种想法毫无意义，因为中国是所有国家的主要贸易伙伴，中国是全球经济的支柱。因此，虽然中美竞争与冷战有一些相似之处，但差异也是巨大的，特别是经济差异。[19]

王辉耀：中美会脱钩吗？

艾利森： 脱钩这个词引起了共鸣，特朗普开始讲脱钩时，媒体实际上夸大了这件事，你知道的。但是，如果你看看实际情况，就会发现现在美国和中国之间的贸易量比提到脱钩之前更大。因此，尽管有贸易战，但两国贸易还是回到了贸易战之前的水平。部分原因是，美国人是消费者，而中国是世界上最成功的消费品生产商。苹果手机在哪里组装？中国。新能源车的电池从哪里来？中国——或者组件/原料来自中国。这个名单还有很长。基本上，两国经济关系是继续发展的，但与此同时，某些领域出现了倒退。对于一些贸易类目，特别是先进半导体，特朗普政府拒绝向中国出口，这对中国的一些行业造成了很大的影响，尽管中国正在针对大多数领域的半导体提升自主生产能力，包括最先进的半导体。因此，我认为我们最终会努力使某些领域脱钩，或者，为一些涉及军事或国家安全的贸易类目设置安全围栏，但这些类目非常少。然后，我们会更多地使用保护主义，你现在就能看到，拜登的"重建更好未来"的计划中就有相当一部分。如果你听了昨晚的国情咨文演讲，就知道中国制造的价格实际上只有美国制造的1/2或2/3，这显然意味着我们要为同样的商品支付更多费用。因此，我们要找出办法，使美国在商品和服务方面的比较优势可以对冲中国的比较优势（给我们带来的劣势）——至少是在消费品制造方面的主导地位，比如那些填满沃尔玛、塔吉特和家得宝的商品，并找到一种方法来处理不可避免的贸易逆差。这非常有挑战性，尤其是在两国的政治环境下，特别是对美国而言。但我认为，展望未来，在安全领域，中国和美国肯定是连体双胞胎，如果核战爆发，就会互相摧毁。当然，我想说，在气候领域，除非两国能找到限制温室气体排放的方法，否则都会破坏双方的生物圈。我认为，经济领域也存在一些我们还没有发现的类似情况。[20]

王辉耀：如果双方都明白战争没有意义，那么修昔底德动态还会导致战争吗？

艾利森：今天，大部分人对战争一无所知。第二次世界大战时期有5 000万人丧生，这是难以想象的。今天的核战争将是怎样的？核战争意味着北京会消失，波士顿会消失，这一点儿也不夸张。这很难想象，但是美中全面核战争可能会导致所有中国人和所有美国人丧生。任何能从这场大战中活下来的人都会说，这些人疯了。他们怎么能让这一切发生呢？他们怎么就不明白这是多么危险的事情？如果他们认真思考过，那么他们也许会说，好吧，针对台湾问题，中国做了什么，或者美国做了什么，导致连锁反应，最终战争爆发了。尽管他们会思考原因，但这还有意义吗？

在战争面前，这些都没有意义了，就像1918年底人们看待欧洲的方式一样；在那之前，欧洲占据世界文明的中心位置500年，但第一次世界大战摧毁了欧洲。此后，欧洲在全球的角色再也恢复不到500年前那么重要了。为什么？因为某位大公被恐怖分子暗杀了，然后引起连锁反应，5个星期内，欧洲所有国家都被卷入了一场毫无意义的战争。所以，李晨主任提醒了我们一个残酷的事实，今天没人能真正深刻体会到一场全面的、真正的战争会有多么可怕和疯狂。

幸运的是，五角大楼里没有一个人认为与中国开战是好事。我认为解放军也不会觉得与美国开战是一个好主意。这很好。但我们的民众需要了解这一点。

即使双方都明白战争是不可能发生的，这也并不意味着战争就不会发生。因为一系列螺旋式的反应会将你拖入你不想陷入的境地。[21]

王辉耀：面临共同威胁能降低战争发生的可能性吗？

艾利森：嗯，我想说，"生存"是一个非常重大、非常迫切的事情。国家不属于某一位领导人。理智的国家领导人不会带领国家走向自杀。也许我们可以找到一些这方面的例子，但这是非常、非常、非常罕见的。因此，如果中国和美国的领导人都很理智，如果习近平和拜登都很理智，那么他们会观察这个世界并思考：两国发生核战争将带来什么。他们很快就会得出正确的结论：这是个坏主意。

如果从长远的角度来看气候挑战，他们就会认识到，按目前的趋势,任何一方都能单独排放足够导致整个生物圈不适合人类生存的温室气体。所以战争是个糟糕的想法。新冠疫情也是如此,在全国各地设置防止病毒传播的屏障以达到零传播的希望落空了。事实证明,中国试图在发现病例时就限制其传播的策略比美国的策略更成功,但仍然无法清零。病毒和细菌会穿越国界,但我没认真研究这个事情。总之,阻止这些灾难发生、找到解决办法,符合两国的共同利益。

在核扩散问题上,我们可以从目前正在进行的伊朗核谈判中看到这一点。那么,两国能做什么?我认为在很多类似的领域,两个理性的国家应该能在竞争中找到合作的方法。这为美国和中国在各个层面讨论失控的危险创造了一个令人信服的理由,它们可以提出问题:我们能在朝鲜问题上开展什么合作?针对台湾问题的分歧,我们能做什么?在南海和东海的巡航问题上,我们能做些什么?[22]

王辉耀:新冠疫情如何改变了美中关系的进程?

艾利森:如果要推测新冠疫情之后的世界形势,那么我认为修昔底德将从结构性现实着手。他认为,雅典的崛起以及由此引发的斯巴达的恐惧使战争几乎不可避免,同样,他也将认为未来国际政治的决定性特征仍然是发生在崛起的中国和占主导地位的美国之间的类似竞争。防止新冠疫情蔓延现在已成为这些竞争对手的另一个比赛场。两国如何应对这一挑战，以及它们的应对将如何影响GDP、公民对政府的信心以及在世界上的地位，都将成为这场竞争的一部分。[23]

我们必须认识到，新冠的威胁让本已深化的、无法逃避的结构性现实雪上加霜。中国是一个正在迅速崛起的大国，这确实威胁到了美国的地位，而我们一直认为这是美国在每一个啄序中理所当然拥有的位置。简言之，这是一场典型的修昔底德式竞争，意味着类似伯罗奔尼撒战争的一切都有可能发生（包括两国都不希望发生的灾难性战争）。

令情况更加复杂的是，每个国家在与新冠疫情的"战争"中的成功和失败（包括疫苗竞赛），将不可避免地成为这场竞争的一个重要象征。由于新冠病毒可以跨国传播，即使一个国家成功地将国内的新感染病例清零，从海外回国的公民也可能将这种病毒带入国境，从而引发新一波感染。因此，要想战胜疫情，各国都需要有效的疫苗。同时，由于中国不仅成功阻止了感染率增加且将新感染病例近乎清零，美国则陷入了困境，因此，再多的说辞也无法掩盖客观事实。这对中美全面竞争、认为民主相比专制存在优势以及美国在世界上的地位的影响将是深刻的。

从历史上看，民主国家对于挑战的觉醒很慢，反应也很慢——没有比美国更慢的了。但是，一旦民主国家专注于挑战，它们的反应将是可怕的。如果美国几个世纪以来所进行的伟大战争（从 13 个殖民地为摆脱英国统治而进行的革命到第二次世界大战）在一个季度内就结束，那么美国早就是失败者了。因此，在这场抗击新冠疫情的长期"战争"中，认为美国失败还为时过早。正如世界上最成功的投资者沃伦·巴菲特反复提醒的那样：长期来看，卖空美国的人从没有赚到钱。[24]

在俄乌冲突开始后不久，艾利森教授在 2022 年 3 月 3 日参加《CCG 对话全球》视频节目时分享了一些思考。

王辉耀：乌克兰战争对美中关系意味着什么？

艾利森：中国和俄罗斯之间可能的"结盟"行为违背了地缘政治的惯常做法，因为从原则上讲，如果你只是一个火星分析家，那么你会说中国和俄罗斯有很多理由相互敌对，而不是成为盟友。许多曾经属于中国的领土现在在俄罗斯版图之内，包括一个被俄罗斯人称为符拉迪沃斯托克[①]的港口，其在中国

---
① 中文名为海参崴。——译者注

地图上仍然有中文名字。广袤的西伯利亚地区荒无人烟，却蕴含丰富的资源，但边界的另一边有数亿人口，缺乏石油、天然气和其他资源。敌对的理由还有很多。世界上两个天然应该对立的国家，怎么可能在行动上保持一致？

我曾经提到，有两大因素令中国与俄罗斯走得很近。首先是中国出色的外交，尤其是习近平的外交，他和普京建立了密切的关系，令中俄新时代全面战略协作伙伴关系不断深化。

其次，美国已将中国和俄罗斯定位为对手，并试图孤立它们，但美国忽略了一个事实，即敌人的敌人就是朋友。这才是地缘政治的玩法。所以，我们将中国和俄罗斯推得更近了。而这与我们现在正在纪念的三边外交50周年正好相反。习近平比美国人更好地掌握了这一点。所以我想说，现在发生的事情让中国感到有压力，因为俄罗斯所做的事情公然违背了中国处理国际关系的基本原则。我认为，中国不仅是口头上说说这些基本原则，中国政府认同《联合国宪章》的基础，包括尊重主权和领土完整。没有人可以否认，俄罗斯夺取克里米亚和入侵乌克兰，是违反尊重他国领土完整原则的。所以这让外交部非常难办。你能看到，他们一直在想解决方案。但与此同时，我在这篇文章中写到，考虑到自身利益，在必须做出艰难的选择时，中国将支持普京。我认为这就是到目前为止我们所观察到的。

最后一点，我感兴趣的是，中国外交部长王毅与乌克兰外长进行了一次谈话，根据外交部对这次谈话的通报，王毅表示中国愿意在停火谈判和解决问题方面发挥积极作用，而乌克兰将是一个中立国家。因此，我认为我们很可能会看到中国开展更多活动，试图在这一领域发挥和平缔造者的作用。[25]

通向战争之路

在《注定一战》一书中，艾利森教授推断了美中之间可能会走向战争的5个路径。自该书出版以来，他在工作中发展和扩大了这些"通向战争的路径"。在艾利森教授设想的场景中，一系列可能导致战争的事件始于"导火索"，如海上的意外碰撞、"台湾独立"、第三方挑起的战争、朝鲜崩溃，或从经济冲突升级到军事战争。艾利森教授还描述了那些将导火索变成战争的"催化剂"，"就像把点燃的火柴扔到汽油中"。

其中一些催化剂与"战争迷雾"有关，即战争的不确定性会使政策制定者采取激进的行动，而如果掌握了全部事实，他们可能就会更加谨慎地行动。艾利森教授举了一个例子：1964年，在北部湾行动的美国海军"马多克斯号"驱逐舰声称受到了（越南民主共和国的）第二次袭击，这个错误警报为美国向越南宣战埋下了种子。① 他还指出，网络攻击等破坏性技术和武器加剧了风险，因为通信中断会使"战争迷雾"愈加严重，从而造成混乱，可能导致更多误判。本章的以下部分着重论述了艾利森教授对历史上引发战争的因素以及可能导致美中冲突的最危险的导火索的看法。

王辉耀：历史告诉我们，一旦修昔底德陷阱的条件形成，战争是如何开始的？

艾利森：回想一下1914年的情况。《注定一战》中有一章写了1914年发生的事情。崛起的德国和英国之间产生了竞争。1914年6月，奥匈帝国大公（他是二级官员）在萨拉热窝被

---

① 1964年7月底，美国海军军舰协同西贡海军执行"34A行动计划"，对越南北方进行海上袭击。8月1日，美第七舰队驱逐舰"马多克斯号"为搜集情报，侵入越南民主共和国领海，次日与越南海军交火，击沉越南鱼雷艇。美国政府迅即发表声明，宣称美海军遭到挑衅。3日，美国总统林登·约翰逊宣布美军舰只将继续在北部湾（越南称"东京湾"）巡逻。4日，美国宣称美军舰只再次遭到越南民主共和国的鱼雷艇的袭击，即所谓"北部湾事件"，并以此为借口于5日出动空军轰炸越南北方义安、鸿基、清化等地区。7日，美国国会通过《东京湾决议案》，授权总统在东南亚使用武装力量。约翰逊后来承认，所谓"遭到袭击"的事情根本不存在。一些历史学家称，即使没有"北部湾事件"，美国也会将战争全面升级，因为当时美国和苏联正在东南亚进行激烈的军事竞争，如果越南北方统一越南，那么这会严重损害美国的利益，因而美国的目标就是消灭越南北方。——译者注

暗杀。他与英国没有关系，与德国也没有关系。但这次暗杀和各国的反应在6个星期内将整个欧洲卷入战争，并在4年内摧毁了整个欧洲和欧洲作为当时世界领导者的地位。因此，第三方行动或意外、外部行为，可以产生这样一系列的反应，特别是在一个敏感的时期。[26]

王辉耀：美中冲突的潜在导火索是什么？

艾利森：尽管看起来不可思议，但美国和中国之间发生热战的可能性要比大多数人想象的大得多，而战争一旦发生将会很疯狂。当美国发现正在崛起的中国威胁到其在各个领域的领导地位时，会越来越惊慌失措。当中国为确保能实现中国梦而进行反击时，双方都应该清楚地意识到，在过去500年的16个案例中，有12个修昔底德式竞争走向真正的战争。[27]

台湾问题

艾利森：台湾是中国的"核心利益"——就像阿拉斯加之于美国一样，台湾被视为中国的一部分。任何"台独"的尝试都很容易成为开战的原因。1996年，当台湾当局采取初步"独立"措施时，中国进行了广泛的导弹试验。克林顿政府将两艘美国航母开到该地区，台海危机加剧。此后，中国一直在加强某些方面的军事能力（如反航母导弹），以确保获得军事优势。如果今天在类似的对决中，一艘美国航母被击沉，那么5 000名美国人的死亡可能使美国和中国陷入战争旋涡。[28]

我担心的是，台湾是一个巨大的定时炸弹，可能导致悲剧性的冲突……过去50年，美国和中国对台湾采取一种模糊的态度，这在一定程度上成功了，尽管有一些不便、发生了几次危机、面临着一些困难，但中国、中国台湾和美国都从未有过这么长的繁荣与和平时期。那么台湾会出问题吗？一定会。[29]

朝鲜问题

艾利森：如果朝鲜为了获得能够可靠打击美国本土的能力而重新测试洲际弹道导弹，我就可以很容易地联想到战争，甚至在拜登政府任期内，美国就会打击朝鲜。然后，我们将何去何从？我们应该记住朝鲜战争，在这场战争中，美国人和中国人互相厮杀。[30]

任何人都不应该忘记1950年的事件是如何导致一场大规模战争的，数万名中国和美国士兵互相残杀。朝鲜半岛南北双方交战，朝鲜在3个月内几乎将半岛统一。美国救援韩国。当美国军队越过三八线并逼近中国边境时，毛泽东派出近百万人与美国交战。他们成功地将美国逼退到半岛上的三八线，美国在那里提出了议和。[31]

南海问题[①]

艾利森： 从华盛顿的角度来看，崛起的中国正在寻求削弱

---

① 2002年11月4日，在金边举行的中国与东盟领导人会议期间，中国与东盟各国外长及外长代表签署了《南海各方行为宣言》（以下简称《宣言》）。《宣言》确认中国与东盟致力于加强睦邻互信伙伴关系，共同维护南海地区的和平与稳定。《宣言》强调通过友好协商和谈判，以和平方式解决南海有关争议。在争议解决之前，各方承诺保持克制，不采取使争议复杂化和扩大化的行动，并本着合作与谅解的精神，寻求建立相互信任的途径，包括开展海洋环保、搜寻与求助、打击跨国犯罪等合作。2011年，美国奥巴马政府宣布了以六大支柱为重点的重返亚太（亚太再平衡）战略，包括：（1）加强与日本、韩国、菲律宾、泰国和澳大利亚等传统盟友的关系；（2）加强与印度、新加坡和印度尼西亚等友国和新兴大国的关系；（3）积极参与区域架构的建设，如东亚峰会、亚太经济合作组织、东盟地区论坛、湄公河下游倡议以及东盟防长扩大会等；（4）加强军事存在，向该地区（新加坡、澳大利亚和菲律宾等国）部署部队，通过双边和多边军事演习继续维持在该地区的存在；（5）促进与该地区的经济合作，包括《跨太平洋伙伴关系协定》的谈判、支持亚太经济合作组织以及扩大与东盟经济交往的倡议；（6）继续传播和促进民主价值观、人权等。2012年4月，菲律宾派军舰到中国黄岩岛袭扰中国渔民；2012年9月，日本野田政府宣布将中国钓鱼岛"国有化"；2014年5月，越南动用大量舰船干扰中企南海钻井平台作业。据美国前驻华大使芮效俭称，2015年9月25日，在与奥巴马总统的联合记者招待会上，习近平其实就南海问题提出了一个更加合理的方案，表示会全面、有效地落实中国在2002年同东盟签署的《南海各方行为宣言》，并呼吁尽早完成中国与东盟关于"南海行为准则"的磋商。芮大使还表示，尽管中国在南沙群岛的部分礁石和浅滩上进行了大规模的填海作业，但并不打算在有争议的南沙群岛"搞军事化"，并提到奥巴马错失了利用这个合理提议的机会。相反，美国海军加强了巡逻力度。中国的回应是继续推进军事化。此处参见［新加坡］马凯硕所著《亚洲的21世纪》。——译者注

基于规则的国际秩序。

而从中国的角度来看，中国的海岸线外是中国的海洋。在海岸线附近的水域，中国要求其他国家，首先是美国，接受其主导地位，就像他们接受美国在加勒比海的特殊地位一样。

作为历史的现实学生，中国领导人认识到，美国自第二次世界大战以来扮演的保护地区稳定的守护者角色对中国的崛起至关重要。但他们相信，随着将美国带到亚洲的浪潮退去，美国必须离开。正如习近平主席在2014年的一次峰会上所说："亚洲的事情归根结底要靠亚洲人民来办，亚洲的问题归根结底要靠亚洲人民来处理，亚洲的安全归根结底要靠亚洲人民来维护。"说服美国适应这一新现实的尝试在中国南海最为激烈。这片海域的面积与加勒比海相当，与中国、中国台湾和6个东南亚国家接壤，包括数百个岛屿、珊瑚礁和其他标志物，其中许多在涨潮时被淹没。

……南海争端正在逐步展开，这场争端将受到美国和中国的基本战略假设和盲点的影响。这意味着美国将继续下国际象棋，中国则重新排列其围棋棋盘上的棋子，有条不紊地在这个舞台上发生缓慢但又巨大的改变。[32]

王辉耀：是什么使台湾成为潜在的危险因素？如何降低这种风险？

艾利森： 任何一届中国政府都不可能接受"失去"台湾，这威胁到其生存。如果中国像在1996年那样进行导弹试验，威胁到台湾地区运输石油、食品和其他基本物资的生命线，美国将如何回应？[33]

如果美国决定保卫台湾地区，那么这场冲突可能会导致什么结果？此外，如果美国在一场关于台湾地区的局部战争中面临失败，那么它是接受失败，还是选择升级战争？如果美国将战争升级，那么这会导致什么后果？

显然，这类话题在美国和中国的热度越来越高。因为这些问题都没有好的答案，所以我们都要认识到风险，并提前采取行动，防止可能导致对抗和冲突的危机升级为灾难性的战争。要成功防止台湾成为21世纪的萨拉热窝，需要习近平和拜登与他们各自领导的政府进行长期、审慎、坦诚的对话。今天，缺乏这样的沟通将使两国都更容易受到意外或事故的影响，从而带来灾难性的后果。[34]

艾利森教授写到，1950年朝鲜战争的爆发警醒我们，大国容易受到第三方挑衅的影响。

王辉耀：第三方因素真的会导致美国和中国开战吗？

艾利森：朝鲜的金正恩会不会引发美国和中国之间的战争？如果这看起来是不可想象的，那么想想他祖父做过的事情。1950年1月，美国并不计划与中国开战。在中国内战期间，美国曾经考虑过与中国开战，但果断放弃了——因为这意味着要派美国军队到亚洲大陆作战。1950年，毛泽东刚刚带领中国的共产党人在一场内战中取得胜利，并专注于巩固政权。中国与一个经济规模大50倍、垄断了核武器、5年前刚刚在日本投下原子弹来结束第二次世界大战的国家作战，是不可想象的。

但在1950年6月，南北朝鲜突然交战。[①] 仅仅3个月，朝鲜就几乎占领了朝鲜半岛。在最后一刻，美国前来支援韩国。道格拉斯·麦克阿瑟将军和仍驻扎日本的两个师在朝鲜半岛登陆，并迅速将朝鲜人打回三八线以北。在没有慎重考虑后果的情况下，美军越过了三八线（南北朝鲜的分界线）并进逼中国边境，期望在圣诞节前统一朝鲜半岛。但是，令麦克阿瑟

---

① 1945年，日本投降后，朝鲜半岛以北纬38度线为界，分别由苏联和美国军队占领。当时南方和北方的民众都掀起了民族主义运动，反对被"托管"，希望建立全半岛统一的政权，受到了美国和苏联的打击与清理。在美苏的分别支持下，1948年8月朝鲜半岛南部成立大韩民国，1948年9月朝鲜半岛北部成立朝鲜民主主义人民共和国。当时朝韩双方都认为自己是朝鲜半岛唯一的合法代表，对整个朝鲜半岛拥有主权，不承认分裂。——译者注

吃惊的是，一天早上他们醒来，发现受到了30万中国人的攻击。中国部队很快得到50万人的增援，将美军打回到三八线，美国在那里提出议和。①

为了说明经济冲突将如何滑向军事冲突，艾利森教授分析了美国对日本的经济制裁以及由此导致的压力是如何促成日本袭击珍珠港的。

王辉耀：经济冲突会导致热战吗？

艾利森： 20世纪30年代末，为了惩罚日本对邻国发动的军事侵略，美国最初对日本实施了制裁，后来又禁止向日本

---

① 1950年朝鲜战争爆发后，美国操纵联合国安理会，在苏联代表缺席的情况下通过决议，组织以美军为主的"联合国军"，并授意日本出兵。1950年6月26日，美国总统杜鲁门命令驻日本的美国远东空军协助韩国作战，27日命令美国第七舰队驶入基隆、高雄两个港口，在台湾海峡巡逻，阻止解放军解放台湾。美国还派军用飞机侵犯中国领空，轰炸和扫射中朝边境地区，包括中国安东（今辽宁丹东）。美国海军则破坏中国商船在公海的正常行驶，袭击中国渔船。美军于9月15日在仁川登陆后，于10月7日越过三八线，大举北犯，向中朝边境进逼。10月8日，中国共产党中央政治局扩大会议最终决定介入朝鲜战争。10月19日，中国人民志愿军第38军从辑安（今吉林集安）渡鸭绿江入朝作战。1953年7月27日，朝、中、美三方在板门店签署《朝鲜停战协定》及《关于停战协定的临时补充协议》。——译者注

出口高级废铁和航空燃料。当这些措施未能阻止日本的扩张时，华盛顿加大压力，对铁、黄铜和铜等基本原材料实施禁运。最后，在1941年8月1日，富兰克林·罗斯福宣布美国将对日本实行全面石油禁运。日本80%的石油来自美国，而日本军队需要这些石油来维持其在国内和"大东亚共荣圈"的行动。日本面临两个选择：慢慢被拖死或奋力一搏。尽管希望渺茫，但日本政府还是选择了奋力一搏，发起一场"致命袭击"——一个大胆的先发制人的攻击，旨在摧毁驻扎在珍珠港的美国太平洋舰队。正如这场袭击的设计者山本五十六上将告诉日本天皇的那样："在与美国和英国开战的最初6个月到一年的时间里，我将疯狂发动攻击，向您奉上连续不断的胜利。"但他接着警告说："如果战争再延长两到三年，那么我没有信心取得最终的胜利。"[35]

第四章
跨越陷阱的方法

历史当然不是一本成熟的食谱。它通过类比,而不是格言来教导后人。历史可以阐明在类似情况下行动的后果,但每一代人都必须自己发现哪些情况实际上是相似的。

——亨利·基辛格[1]

了解的历史越久远,看待未来才能越长远。

——温斯顿·丘吉尔[2]

人们有时可以支配自己的命运:亲爱的勃鲁托斯,如果我们受制于人,那错不在命运,而在我们自己。

——凯歇斯对勃鲁托斯所言,出自《尤利乌斯·恺撒》

(作者威廉·莎士比亚)

如果美国和中国要避免战争，那么第一步就是要认识到"崛起"的中国相对"居于主导地位"的美国这一结构性现实所带来的危险，且不论双方的意图如何。艾利森教授的著作《注定一战》以及他对修昔底德陷阱概念的发展和普及，为提醒华盛顿和北京的政策制定者注意这种脆弱性做出了重大贡献。

自《注定一战》出版以来，艾利森教授一直在努力寻找跨越修昔底德陷阱和避免两个大国爆发战争的方法。如同他用历史来强调修昔底德陷阱的危险性一样，艾利森教授再次从历史中寻找防止战争发生的灵感。

在《注定一战》的最后一章中，艾利森教授概述了"通往和平的 12 个方法"，这些方法来自过去 500 年中崛起国和守成国成功跨过危险、避免战争的 4 个案例。此后，他扩大了研究范围，寻找我们可以借鉴的其他历史案例，主张用"应用历史学"方法向过去学习，以确保我们能够避免错误，并为通向和平的未来绘制路线图。在寻找"跨越陷阱的方法"时，艾利森教授回顾了中国历史、冷战和其他时代，探索当前美国和中国政府可以参考并合作制订的 21 世纪解决方案的思路，以应对两国如今面临的挑战，并在一个"安全的多元化世界"中管理"竞争合作关系"。

认识和接受结构性现实

王辉耀：要避免战争，美中应从何处着手？

艾利森：首先是承认我们面临的风险。这是一位中国朋友说的。他说，我们为什么不直接承认威胁来自这个修昔底德动态？

我们都面临着一个形势，一个结构性形势——中国正在崛起，并将继续为自己的利益而崛起，这和美国无关。而美国将继续试图在国际秩序中保持领导地位，因为这个国际秩序让70年内没有爆发大国战争，这对世界是有益的。美国人认为这是他们的使命。我们承认这种竞争制造了一种脆弱性。让我们把这当作智力游戏，并问问在一种新型大国关系中，如何才能管理这种脆弱性，以防止第三方挑衅我们进而导致战争。这意味着什么？

首先，认识到我们正面临系统性威胁。这种系统性威胁来自结构性现实，而不是任何一方的意图。

其次，合作阻止危机。我们应采取联合行动来预防危机。试问，台湾地区会做出哪些将中美两国拖入战争的事情？

最后，想想现在我们能提前做些什么，以防止这种情况发生？试问，朝鲜问题将如何把美国和中国卷入战争？我们现在可以做些什么来处理这个问题？南海问题将如何升级？我们现今可以做些什么来处理这个问题？

基本上，要避免战争，就要确定引发战争的因素，做好危机预防，最后进行危机管理。因为我们知道，即使我们尽力防止危机出现，有些事情还是会发生。因此，当事情发生时，你希望有既定的、多层次的沟通渠道。你希望军方之间能进行对话，以便能够非常坦诚地交流。这些是管理一个局势的3个要素。[3]

王辉耀：要跨越修昔底德陷阱，我们需要什么心态？

艾利森：斯科特·菲茨杰拉德在1936年出版的文集《崩溃》中写到，检验一流智力的标准，就是看其头脑中能否同时有两个相互矛盾的想法而无碍于其行事。一种思想是，美中之间的竞争将是激烈的，因为双方都决定尽自己所能成为最大的经济体、最优越的经济体，拥有最先进的人工智能、最强大的军事力量，成为最大的贸易伙伴，等等。在奥运会上，两国都争取赢得更多金牌。这正是奥运精神。这是一方面。

另一方面，与第一种思想有些矛盾的是，除非美国和中国能够找到协调与合作应对气候变化的方法，否则我们将制造出一个无人能够居住的生物圈。除非美国和中国能够找到合作的方式来确保第三方触发因素（例如台海问题或朝鲜问题）不会失控，否则我们可能最终会陷入一场真正的全面战争，互相毁灭。今天，大多数人无法想象这意味着什么，但在冷战期间，我们曾经一边查看袭击目标地图，一边考量破坏效果。事实上，如果中美之间爆发全面核战争，那么两国都会从地图上消失，不会再以国家的名义存在。这是不可想象的。没有人能明白这一点，但这就是现有武器能够造成的物理效果。因此，我们必须合作，以避免可能导致这种结果的一系列事件，并避免不受限制的温室气体排放将地球变得不再适合人类生存。

那么，如何同时做这两件事呢？又该如何在两国错综复杂的政治环境中解释这一点呢？美国人看着中国说："上帝啊！中国怎么能在所有这些方面与我们抗衡？我们记得中国过去是一个又穷、又落后的发展中国家。"当中国人审视在安克雷奇发生的事情（2021年3月中美在此举行高层战略对话）或其他事件时，也有人在中国的社交媒体上说："够了，我们不需要美国人再对我们指手画脚。我们已经变得更强大，我们需要更加自信。"所以，在管理好两个大国的内政上，我认为习近平和拜登或许可以持有两种相互矛盾的思想并正常工作，但在这种情况下,他们又如何管理好自己的政府和社会呢?这就是我一直在努力解决的问题。[4]

应用历史学的价值

王辉耀:什么是"应用历史学"?它如何帮我们避免战争?

艾利森:长期以来,历史学一直被社会科学家贬低为一个提供虚假的确定性的"软"学科。我们认为,现在是时候建立一门崭新的、严谨的"应用历史学"了,即尝试通过分析类似的历史事件来解释当前的挑战和选择。[5]

这会是一门新兴学科。主流历史学家总是从一个事件或一个时代入手,试图说明发生了什么和发生的原因。应用历史学家则从当前的困境或选择开始,通过分析历史记录提供看问题的视角,激发想象力,找到未来可能会发生的事情的线索,提出有针对性的干预措施,并评估可能产生的后果。在这个意义上,应用历史学是一门"衍生学科,像工程学依赖于物理学,医学依赖于生物化学一样,依赖于主流历史学"[6]。

在科学领域,实践者和理论家之间是相互尊重的。相比之下,在政策领域,实践者和学术派史学家之间往往相互轻视。

应用历史学可以尝试弥补这一缺陷。[7]

在2016年为《大西洋月刊》杂志撰写的一篇文章中,艾利森教授建议为美国总统创建一个"历史顾问委员会"。

王辉耀:美国总统如何利用应用历史学来做出更明智的决定?

艾利森: 对总统来说,仅仅邀请友好的历史学家共进晚餐是不够的,奥巴马就曾这么做过。像约翰·肯尼迪任命阿瑟·施莱辛格那样,任命一位法庭历史学家也是不够的。我们敦促下一任总统成立一个白宫历史顾问委员会。历史学家们在卡特和里根总统执政期间向他们提出过类似的建议,但都没有得到答复。历史顾问委员会的运行模式应仿照第二次世界大战后成立的经济顾问委员会。总统任命一位全职主席和两个全职成员,他们承接总统的指令。委员会设有一个小型专业团队,并成为总统行政办公室的一部分。……如果现在有一个历史顾问委员会,那它就可以分析历史事件,为许多战略问题提供参考。例如:随着美国和中国在南海和东海的紧张局势加剧,美国对日本、菲律宾和其他国家的承诺是否像1839年承认比利

时中立地位的条约①那样对和平构成威胁？（该条约在 1914 年成为英国和德国开战的理由。）⁸

王辉耀：在利用应用历史学方面，我们可以从亨利·基辛格那里学到什么？

艾利森：在追溯一个来自纳粹德国的年轻人如何成为美国在世的最伟大的政治家的过程中②，历史学家尼尔·弗格森不仅发现了基辛格治国之道的精髓，还发现了现代美国外交中缺失的基因：对历史的理解。……当一个学生问到从事像他这样的职业的人应该学习什么时，基辛格回答："历史和哲学。"（大多数美国公共政策学院都没有开设这两门课。）

基辛格是如何为他在美国政府的第一个重要工作（理查德·尼克松总统的国家安全顾问）做准备的？用他的话

---

① 即《伦敦条约》，也叫作《1839 年公约》，于 1839 年 4 月 19 日签署。在此条约中，欧洲承认比利时的独立与中立的地位；当有入侵发生时，条约的签署方须保护比利时的中立地位。——译者注

② 亨利·基辛格已于 2023 年 11 月 29 日逝世，享年 100 岁，美国前国务卿、著名外交家、国际问题专家。1971 年，他作为美国总统特使秘密访华，与中方携手促成了 1972 年尼克松总统访华，为中美关系正常化做出了历史性贡献。——译者注

说就是"我带着20年来研究历史所形成的哲学走进了办公室"。……基辛格是如何应用历史的？他既巧妙又谨慎，还认识到了正确应用历史需要想象力和判断力。⁹

重新定义中美关系

王辉耀：在跨越修昔底德陷阱上，中国历史上有哪些案例可供借鉴？

艾利森：1005年，宋朝发现自己无法打败辽国——一个北方契丹部落，就与之签订了历史上著名的澶渊之盟，双方同意成为"竞争合作伙伴"。他们划定了竞争领域，而在其他领域密切合作。事实上，这是一个非常特别的约定，因为尽管辽承认宋为正统，但宋要向辽纳贡。①辽要用收到的岁币购买宋的商品。这创造了经济学中乘数效应的早期版本。② 我知道很

---

① 宋、辽约为兄弟之国，以双方君主的年龄序齿。澶渊之盟签订时，宋君主年纪比辽君主大，故为兄，以后仍按新一代君主年龄序齿。宋每年付给辽白银10万两、绢20万匹，合称岁币30万，后来岁币增加到50万。传统上认为宋是中原正统王朝，但近来也有历史学家认为宋、辽、金都为正统。——译者注
② 榷场是宋、辽约定的贸易市场。有观点认为榷场贸易完全弥补了宋的岁币损失，但也有说法称，宋从与辽的榷场贸易中赚取的利润只能弥补岁币损失的3/5左右。——译者注

多中国人不喜欢这个条约，因为无论出于什么原因，宋朝都没有得到足够的尊重。这是我对中国历史的一点儿浅薄看法，对此我感到抱歉。但我的关注点是避免战争，因此无论如何在我看来，澶渊之盟让宋辽之间保持了120年的和平。① 我想说，在历史上，一个让处于激烈竞争中的双方保持了100多年和平的条约是一个相当不错的条约。[10] 在概念上，宋辽之间的竞争伙伴关系借鉴了春秋时期更古老的中国智慧。军事家孙子在《孙子兵法》中这样描述敌对的吴国和越国："夫吴人与越人相恶也，当其同舟而济，遇风，其相救也如左右手。"在需要合作求生的时候，即使是最致命的敌人也能变通。[11]

美国和中国的政治家们能否为竞争伙伴关系构建一种新的战略理论依据，在这种关系中，两国将同时进行竞争与合作？两国将不可避免地在经济生产和贸易、先进科技、军事能力、结盟以及展示哪个政府最能满足公民需求方面展开激烈的竞争。但与此同时，在其他领域，如果没有认真合作，那么双

---

① 在澶渊之盟签订后，辽与西夏勾结，多次骚扰掳掠宋的边境。辽趁着西夏与宋开战，两次要求宋割让土地，宋都妥协了，并将岁币从30万增加到50万。在战败后，宋也向西夏送岁币，花钱买和平。在这120年的"和平"时期里，辽内部统治者相互争权夺利，无力大举南侵，但小股抢掠仍然时有发生；而宋军力不断下降，在表面繁荣的掩盖下，武备废弛，终于在靖康之难（取代辽的金对宋发动的战役）后彻底退守南方，史称南宋。在南宋与金的对峙时期，南宋向金送岁币。在蒙古灭金之后，南宋欲花钱买和平而不可得，最终为蒙古所灭。——译者注

方都无法维护其最重要的国家生存利益。这些挑战不仅包括避免战争,特别是核战争,还包括应对气候变化以维持人类可以生存的生物圈,防止特大恐怖主义的手段和动机的蔓延,遏制大流行病,管理全球金融危机以避免大萧条及其政治后果。因此,虽然激烈的竞争是不可避免的,但如果残酷的事实是,双方在毁灭对方的同时不能避免自毁,那么激烈的竞争就成为一种战略需要。[12]

王辉耀:美国历史上有哪些可供借鉴的模式?

艾利森: 如果中美真的注定要共存,那么两国必须找到管理这些分歧的方法。在他们探索方法时,我建议他们可以从约翰·肯尼迪总统在度过有史以来最大的危机(1962年古巴导弹危机)后得出的见解中寻找灵感。肯尼迪和赫鲁晓夫置身于一场对抗中,肯尼迪认为这场对抗有1/3的可能性以核战争终结,这将导致数亿人死亡。这一经历让他清醒了,他开始认真寻找一个更好的解决办法。8个月后,就在被暗杀之前,他在职业生涯中关于国际事务的最重要的一次演讲中提出,此后,美苏关系的目标应该是建立一个"安全的多元化世界"。[13]

王辉耀：肯尼迪所说的一个"安全的多元化世界"是什么意思？

艾利森：肯尼迪明白，这将意味着改变美国的思维方式，改变对其"最致命"对手的行为目的。在一场伟大的演讲中，他推翻了美国前总统伍德罗·威尔逊关于建立一个"安全的民主世界"的呼吁。更重要的是，他放弃了自己曾大力倡导的类似冷战的做法。他主张，与其埋葬苏联，美国更应该在一个有着截然相反的价值观和意识形态的多元政治制度的世界中生存并允许其他不同制度共存。未来，两个对手可以展开激烈的竞争（但只能是和平的竞争），以证明谁的价值观和治理体系最能满足公民的需求。[14]

王辉耀：肯尼迪最初是一个坚定的"冷战战士"，为什么会彻底转变立场？

艾利森：因为他亲身经历了真实存在的核危险。他真的相信，他与苏联领导人尼基塔·赫鲁晓夫的直接对峙可能会以核战终结。在活下来之后，他在感谢致辞中发誓，此后将尽己所能，确保自己和任何继任者都不必再这样做。他将这一深刻的洞见铭记在心。罗纳德·里根后来用他最喜欢的一句话精准地诠释了这一洞见："没人能赢得核战争，因此绝不能打。"[15]

王辉耀：肯尼迪的见解对于今天的美中关系有什么借鉴意义？

艾利森： 肯尼迪表示："归根结底，我们都居住在这个小小的星球上。我们都呼吸着同样的空气。我们都珍视我们孩子的未来。我们都是凡人。"因此，他总结道，在绝不"对我们的分歧视而不见的同时，我们也应该关注共同利益，关注可以解决这些分歧的方法。如果我们现在不能结束分歧，那么至少我们可以使世界包容多元化"。

这是一种深刻的思想。它实际上要求双方同时接受两种几乎相互矛盾的主张。但在随后的几十年里，美苏这两个政治理念根本不相容的国家在进行激烈但和平的竞争时，找到了避免军事对抗的方法。

考察肯尼迪的思想和中国前总理周恩来提出并写入《中华人民共和国宪法》的和平共处五项原则（互相尊重主权和领土完整、互不侵犯、互不干涉内政、平等互利、和平共处）之间的相似性是很有意义的。习近平主席申明，这些原则"是中国外交政策的基石"。

综上所述，这两种思想可以为中美两国领导人共同制定新的战略方针提供参考。这个战略方针将修昔底德式竞争引向一种新的和平竞争形式，以维护两国的重要国家利益，防止两国陷入一场可能摧毁它们最珍视的东西的战争。[16]

王辉耀：中国的"新型大国关系理论"能够找到跨越修昔底德陷阱的方法吗？

艾利森： 习近平主席常说，要想应对中美两国之间的挑战，最好的办法是建立一种新型大国关系。如果我们成功建立一种新型大国关系，就可以避免修昔底德陷阱。正如一个直接为习近平主席工作的人对我说的那样："你认为习近平主席为什么要谈新型大国关系？旧的模式存在什么问题？"他接着说："原因是我们知道在旧的关系模式里，几个世纪以来许多国家走向冲突，且往往是灾难性的冲突，而我们并不希望美中关系也走上这样一条路。因此，为了防止这种情况发生，我们需要建立新型大国关系。"[17]

我在中国提出这一建议后不久写了相关文章。我在文章中指出："如果这意味着美国和中国将在这一旗帜下共同努力，确定新型大国关系的内涵，那么我赞同这一概念。"我在北京时，一个直接为习近平主席工作的人在一次谈话中向我解释了中国为什么要呼吁建立一种新型大国关系。他说，因为习近平明白，过往的大国竞争模式常常导致战争。他继续指出，习近平之所以经常谈及修昔底德陷阱（特别是避免陷阱的必要性），是因为他研究过历史。事实上，中国的领导层也对我在《注定一战》一书中分析的案例进行了研究。他们了解当一个崛起的大国威胁到一个守成大国的主导地位时通常会发生什么。他说，这正是中国呼吁建立新型大国关系的原因。[18]

王辉耀：美中两国如何借助共同利益来重新定义双边关系？

艾利森： 在构建新型大国关系概念时，习近平和拜登可以从里根在冷战最后几年向戈尔巴乔夫提出的建议中找到灵感。在一次只有里根和戈尔巴乔夫及他们的翻译在场的私人散步中，里根提出了一个问题：如果地球被敌对的火星人入侵，那么苏联和美国将如何应对？起初，苏联一方的翻译误解了里根的意思，他的翻译引起了人们的注意：里根是在告诉戈尔巴乔夫，火星人刚刚入侵地球了吗？在疑惑被澄清后，里根又问了这个问题。他的目的是强调原本敌对的双方也有着共同的核心利益。

今天再来问一问里根的问题：美国和中国今天是否面临着类似外星人入侵的威胁——挑战如此严峻，以至于双方不得不合作？我们不必费多大力气就能得到肯定的答案。5个"巨型威胁"悬在所有人头顶：核末日、核无政府状态、全球恐怖主义、气候异常和大流行病。面对每一个威胁，两个大国都有着一致的国家利益，其重要程度远远超过造成它们分裂的国家利益。

为了应对这些挑战，两国领导人都必须制定一项战略，以通过菲茨杰拉德定义的对一流智力的考验。用菲茨杰拉德的话说就是"一个人的头脑中同时有两个相互矛盾的想法而无碍于其行事"。对美国来说，中国既是有史以来最强大的竞争对手，也是美国必须找到共存方式以避免一起灭亡的国家。[19]

王辉耀：可以采取哪些具体行动来重新定义双边关系？

艾利森：我认为，《上海公报》为美中关系确定了一些基本原则。这些原则在很大程度上是对《联合国宪章》原则的重申。中国不断强调这些原则，这些原则也值得被强调。它们是互相尊重主权、独立、领土完整，不干涉他国内政。这些都是《联合国宪章》规定的原则，它们在《上海公报》中得到了反映。就美中关系而言，增加的最重要的一个主张是世界上只有一个中国，台湾海峡两岸的各方都同意这个主张，最后，两国关系正常化，北京是中国的首都。我认为困难在于，几十年过去了，中国的情况发生了变化，台湾地区的情况也发生了变化，美国和世界的情况也在一定程度上发生了变化。我认为仅仅重申《上海公报》的内容是不够的，还要努力考虑到中国（包括台湾地区）和美国的新现实。[20]

王辉耀：美中两国真的有可能在竞争的同时合作吗？

艾利森：国家之间既可以无情地竞争，也可以紧密地合作，这在外交官看来可能是矛盾的，但在商业领域是司空见惯的。[21]

例如，苹果和三星在智能手机销售上是竞争对手，实际上，三星目前的智能手机销量已经超过了苹果。但是，三星也是苹果最大的供应商。因此，它们在某些方面是合作伙伴，在另一些方面是竞争对手。[22]

管理一种既竞争又合作的关系需要警惕性、判断力和应变能力。但是，如果像我们认为的证据显示的那样，小小地球上的科技留给美国和中国两个（而且只有两个）选择，那么我们相信它们可以找到共存的方法，无论这令它们多么不适，因为另一个选择是相互毁灭。[23]

在一个不同政治制度可以和平竞争的安全世界里，竞争伙伴关系能否成为管理今天美中之间危险动态的新型战略方针的起点？竞争，尤其是激烈的竞争，是不可避免的。但如果残酷的事实是，双方在杀死对方的同时会导致自毁，那么紧密的合作就是一种战略需要。创建一个将竞争与合作结合起来的宏大战略需要远超目前传统观念的战略想象力，就像冷战战略一样。我们可以从肯尼迪和宋朝的例子中借鉴经验，以完成这项伟大的事业。[24]

冷战中可供借鉴的经验

艾利森教授是冷战时期决策机制研究方面的权威，他在1971年出版了《决策的本质：还原古巴导弹危机的真相》一书。在这一历史性学术研究的基础上，除了肯尼迪关于需要建立一个"安全的多元化世界"的见解外，艾利森教授还提出了其他今天的中美关系可兹借鉴的冷战时期的经验与教训。2021年，在与李晨主任和我的对话中，艾利森讨论了一些冷战时期的经验和教训，后又在几篇文章中对其进行了阐述。

冷战的源起

艾利森：冷战的起源是，人们认为两种制度体系本质上是不相容的，只会互相摧毁，且这通常会导致战争。但最初，由于美国和苏联都在第二次世界大战中筋疲力尽，而双方最后又都掌握了核力量，因此双方认为战争不可行。那么，打一场不出动士兵和热兵器的"战争"怎么样？在所谓的冷战中，起初，双方采取一系列手段遏制对方，一些手段是隐性的，另一些是显性的。然后，我们终于发现双方不仅需要协调和约束行为，也需要非常迅速地沟通甚至合作，以防止事情失控。我认为，尽管当前美中之间的竞争与冷战非常不同，但从这一系列经验中吸取的教训仍然很有启发性。[25]

构建和维护沟通渠道

艾利森：即使在冷战最致命的时期，我们也渴望领导人之间能进行深入的对话和交流。里根经常因为希望与苏联领导人花更多时间沟通而被他保守的共和党同事批评。他说与苏联领导人沟通非常重要，因为核战争没有赢家，因此绝不能打。他热衷于与苏联领导人谈判，甚至达成军备控制协议，其中美国将放弃做一些想做的事情，以换取苏联放弃做美国不希望其做的事情。

上述每一种情况下都存在信任问题，因此人们只会就可以独立验证的事情达成一致。但随着时间的推移，冷战在一定程度上稳定下来，并可以避免许多可能失控的潜在危机——柏林危机和古巴导弹危机差点儿就失控了。我认为，在中美之间的竞争中，我们没有理由不去吸取教训、总结经验，包括多层次沟通和深入交流的必要性，危机管控程序，甚至是危机预防程序。[26]

通过一系列举措，肯尼迪政府在华盛顿和莫斯科之间建立了一条热线，"以避免在危机出现时双方出现危险的拖延、误解和对对方行动的误读"[27]。

限制特定武器的部署

艾利森：美国宣布单方面暂停核武器的大气层试验，启动谈判并在一年内达成《部分禁止核试验条约》；开始谈判并最终达成《不扩散核武器条约》，减缓了有核国家的增加。[28]

制定"竞争规则"

艾利森：美苏双方还进一步澄清并扩大了肯尼迪所称的"不稳定的现状规则"，包括：不使用核武器，身着制服的美苏战斗人员不向对方开枪或发射炸弹，以及不得在对手的势力范围内制造意外。在这些规则的限制下，双方将继续在其他各个方面进行激烈竞争，包括展示哪个社会的价值观和政府体系能更好地实现目标。[29]

美国和中国将不得不制定自己的竞争规则，以跨越修昔底德陷阱。这些规则需要满足双方的核心利益，在冲突和安抚之间找到一条路。对感知到的威胁做出过度反应将是一个错误，但忽视或掩盖不可接受的不当行为、希望其不再发生也是错误的。1996年，台湾当局采取了一些中国政府认为具有挑衅性的措施，之后大陆在台湾上空发射了一系列导弹，美国的两个航母战斗群则进入战备状态。最终的结果是双方对对方在台湾问题上的红线有了更清楚的认知，并使该地区更加平静。随着中国经济的持续崛起和军事实力的增强，以及对外态度更加强硬，中国的地位与以往不同，两国之间可能需要更多这样的澄清来管理不稳定的过渡阶段。[30]

合作进行危机预防和危机管控

艾利森：中美双方可以在危机预防方面采取联合行动。我们先问一问，台湾问题将如何把我们卷入战争？然后考虑，现在我们能提前做些什么，以防止这种情况发生？然后问一问，朝鲜问题将如何把美国和中国卷入战争？我们现在可以做些什么来处理这个问题？南海问题将如何升级？我们现今可以做些什么来处理这个问题？基本上，要避免战争，就要确定引发战争的因素，做好危机预防，最后进行危机管理。因为我们知道，即使我们尽力防止危机出现，有些事情还是会发生。因此，当事情发生时，你希望有既定的、多层次的沟通渠道。你希望军方之间能进行对话，以便能够非常坦诚地交流。这些是管理一个局势的3个要素。[31]

认识到历史上将大国卷入不必要的战争的事件所带来的真实风险，能让人们重视危机预防和危机管理。作为曾经深度参与冷战的人，拜登熟悉这几十年来形成的最佳做法。首先是合作确定潜在的危机，再进行桌面演习以探寻应对措施，构建防止自动升级的断路机制，以及最重要的是，建立健全的沟通渠道。[32]

给领导人充分的时间和空间进行重大决策

艾利森：来自古巴导弹危机的另一个经验与政策无关，而与程序有关。除非领导人有足够的时间和空间来了解情况、审查证据、比较各种选择并仔细斟酌，否则很可能做出错误的决定。1962年，在被告知发现导弹后，肯尼迪问的第一个问题是，这事儿还能保密多久？他的国家安全顾问麦克乔治·邦迪认为最多一周。根据这一建议，肯尼迪花了6天时间秘密考虑，不止一次改变主意。正如他事后指出的那样，如果他被迫在最初的48小时内做出决定，那么他将选择空袭而不是海上封锁——这可能会导致核战争。

在今天的华盛顿，肯尼迪的一周秘密审议会被视为旧时代的遗物。这些重要秘密的半衰期甚至不是以天计算的，而是以小时计算的。奥巴马在上任第一年就痛苦地了解到这一点，当时他发现政府对阿富汗政策的审议是公开的，这让他在做出选择甚至在考虑非常规选项方面失去了很多灵活性。这一经历促使他要求由一名新的国家安全顾问领导一个新的国家安全决策程序。修改程序的成果之一是通过前所未有地缩小内部决策圈，对信息流动进行了更严格的控制。[33]

艾利森教授在同一篇文章中指出，今天，领导人面临着巨大的压力，要为一系列令人生畏的挑战找到具有创造性的解决方案。在这种情况下，疲惫当然无济于事。比尔·克林顿认识到了这一点，他曾经说过："我一生中所犯的每个重要错误，都是因为我太累了。"艾利森教授提醒我们，要避免高层倦怠导致的危险。

王辉耀：如何避免高层倦怠导致的危险？

艾利森： 给充电、加油和反思创造必需的时间和空间，对人类操作系统的优化运行至关重要。这不是一个系统性缺陷，而是一个强大的特性——今天的领导者应该充分利用这一特性。[34]

后记
——超越修昔底德陷阱

> 温故而知新,可以为师矣。
>
> ——孔子,《论语》

在中美关系中,我们还应该注意哪些陷阱

修昔底德陷阱已经成为中美关系理论中最知名的"陷阱",不过学者们也提出了其他我们应该注意的陷阱,以免我们过于关注大国之间的直接战争风险而忽视其他风险。

例如,哈佛大学艾利森教授的同事、提出"软实力"概念的约瑟夫·奈认为,与大国之间的暴力冲突相比,权力平衡变化所带来的更大的危险可能是"金德尔伯格陷阱"。[1] 这个概念是以马歇尔计划的主要设计师之一查尔斯·金德尔伯格的名

字命名的。他认为，20世纪30年代发生的灾难是因美国在取代英国成为世界主导力量后没有站出来提供全球公共产品而造成的。

如今，美国实力相对下降，以及自特朗普总统时期开始转向孤立主义，减少了全球公共产品的提供。在此背景下，中国加快步伐，在全球治理中发挥更重要的作用，在多边机构中发挥更大的作用，并自主发起倡议来推动全球发展，如"一带一路"倡议和成立亚洲基础设施投资银行。然而，这些努力在美国等国家遇到了阻力。根据金德尔伯格陷阱理论，美国和中国的权力过渡和竞争中的突出风险是，大国不会采取行动来提供重要的全球公共产品，如稳定的气候或金融。

学者们提出的另一个"陷阱"是"丘吉尔陷阱"。杨原[①]认为，修昔底德陷阱夸大了崛起大国与守成大国在当代爆发战争的风险，相反，他认为，落入"丘吉尔陷阱"的危险更大，因此我们应该更严肃地对待它。[2] 杨原所说的"丘吉尔陷阱"是指重蹈美苏冷战时期的覆辙，其导致了超级大国之间的长期对抗，并将国际体系划分为两极体系。

杨原认为，在核武器时代，防止全面战争的共同愿望将在超级大国之间占上风，这使得丘吉尔陷阱成为我们应该考虑的

---

① 中国社会科学院世界经济与政治研究所副研究员。——译者注

更重要的相关陷阱。他还认为，即使中国和美国跨越了修昔底德陷阱，随之而来的也只是陷入了丘吉尔陷阱，除非双方能够构建一种不同的大国关系，以替代通过战争或长期冷战式对抗实现的霸权过渡。

修昔底德滥觞？中国历史上的其他案例

早在艾利森教授提出"修昔底德陷阱"的概念之前，许多西方战略思想家就已将伯罗奔尼撒战争作为理解当代事件的一个历史参照。1947年，乔治·马歇尔曾说："我很怀疑，如果一个人没有在头脑中至少回顾一下伯罗奔尼撒战争和雅典陷落时期，那么他是否具有充分的智慧和深刻的信念来思考今天的某些基本国际问题。"在美苏之间的长期对峙中，修昔底德理论一直是华盛顿重要的思想试金石，在冷战结束后，修昔底德理论又因各种不同的原因被重新提起，以支持各种不同的论点。[3]修昔底德理论对一些西方思想家的战略想象力的持续影响使约瑟夫·莱恩指出："每当一场新的战争爆发，我们就会迎来新的修昔底德理论。"[4]

虽然修昔底德的见解对于理解中美竞争是一个宝贵的贡献，但许多学者认为我们不应过度依赖一个古希腊思想家，并质疑他的古代欧洲中心主义和地中海中心主义的国际关系模式是否真的是理解21世纪中美关系的最佳模式。2015年,《中国日报》发表题为《修昔底德陷阱并非宿命》的文章,呼吁中国学者不要依赖修昔底德陷阱,而是从中国悠久的历史中寻找一个概念或理论来描述未来的中美关系,同时着重强调建立新型大国关系。[5]

本书第四章提到,艾利森教授还研究了中国和其他非西方地区的历史,来寻找如何跨越修昔底德陷阱的思路,他认为宋朝和辽国同意成为"竞争伙伴"的"澶渊之盟"有借鉴意义。

艾利森教授呼吁用应用历史学来指导当下,进行合理和务实的决策;本着这种精神,中国学者也应该努力找出合适的历史案例,总结出其对今天中美关系的政策意义。通过研究祖先的过去(包括失败和成功),我们可能会得到一些启示,这有助于我们打造一条新的、更和平的前进道路。虽然深入探讨这个问题超出了本书的范围,但我想简要地提及几个可能值得进一步探索或思考的例子。

《左传》中的晋楚之争

中国春秋时期的著作《左传》堪与《伯罗奔尼撒战争史》媲美,作者也恰好与修昔底德大致处于相同年代。《左传》是中国最古老的历史文献之一，记述了公元前722—前468年周朝的衰落。

《左传》中记载了统治者、官员和将军的复杂经历，其中一段情节与今天的中美关系有些相似，那就是发生在公元前632年的晋国和楚国为争夺霸权而进行的长期竞争。虽然这个类比有很多缺陷，但在某些方面，晋楚争霸可以为我们理解当前的中美关系提供思路（它也许比古希腊的雅典和斯巴达之间的争霸更合适）。

《左传》中的记载突出了晋国和楚国在试图驾驭一个它们不想破坏的多国体系时所面临的多方面挑战。春秋时期，周天子的权威衰微，中央对各诸侯国的控制力度很小，导致各诸侯国之间的紧张局势和竞争几乎持续不断地出现。这个体系表现出一些类似于多极化的特征，比如几十个国家争夺权力和生存资源，实行权力平衡的政治，以及晋国和楚国是其中最强大的两个国家。

当楚国在上升期时，晋国已是一个更成熟的大国，它地处黄河以北，居于周朝分封体系的核心位置，已经建立起自己的影响力。楚国位于长江以南，在这个已经成形的体系中是一个外来者。然而，随着楚国更加强大，它接受了许多周朝的管理规范，其他诸侯国开始将其视为既定秩序的支持者和周朝合法性的捍卫者。这个体系意在维护那些周朝统治下的缓和国家行为的规则和规范，这些规则和规范倾向于使诸侯国间保持一定程度的合作和共存，并限制战争的规模。

约翰·沙利文指出，这种情形与当代地缘政治有一些相似之处。[6] 晋国在某种程度上与美国类似，在塑造和主导现有体系方面发挥了关键作用，不想自己在等级制度中的主导地位被取代。同样，楚国与中国也有一些相似之处，中国最初游离在国际体系之外，但随着中国的发展，中国逐渐融入国际体系，采用全球规范，然后帮助塑造和修改这个体系。

在这场竞争中，晋国和楚国的实力都不足以消灭对手，但它们也不希望对方获得足够的优势来联合其他国家威胁自己的生存。这更像是一场争夺其他国家拥护的较量，而不是生存竞争。这有点儿像冷战，除了这一时期的三次重大战役外，两个大国之间的直接战争相当有限，其往往试图保护不太强大的盟友和赢得它们的拥护，而没有冒险全面攻占对方的领土。就像冷战时期的美国和苏联一样，即使在局势紧张的时期，晋国和楚国也试图保持外交关系，并试图找到缓解冲突的方法。

"荀子突破"

荀子是生活在战国晚期的思想家、哲学家、教育家及儒家学派的代表人物。针对人的自私本性，他主张精心设计的礼仪或行动有助于避免冲突、促进合作。这一理论对于引导中国和美国走向可持续的合作很有意义，因此，华南理工大学公共政策研究院教授张锋①建议，"荀子突破"这一术语可以作为修昔底德陷阱这一概念的中国替代。[7]

宋朝

中国历史上的所有朝代的管理体制对当前时代的地缘政治关系都有借鉴意义，但两个原因让宋朝更加突出。第一个原因是，宋朝通过1005年缔结的"澶渊之盟"与对手辽国保持了长期的和平。在2021年4月的《CCG对话全球》视频节目中，我与艾利森教授讨论了这一点，根据该盟约，宋朝和辽国同意成为"竞争伙伴"，双方在某些方面展开竞争，也以榷场贸易的形式进行经济合作。

另一个原因是，在这一时期，中国通过贸易与世界其他地区联系在一起，这可以说是全球化的早期形式。事实上，我与耶鲁大学历史学教授韩森在《CCG对话全球》视频节目中谈

---

① 曾任澳大利亚国立大学贝尔亚太事务学院国际关系学系研究员。——译者注

到，宋朝是当时世界上全球化程度最高的地方。宋朝的经验表明，和平与稳定对于全球化的产生和繁荣是多么重要，而贸易可以成为将人们联系在一起的纽带，获取商业利益可以成为人们的共同点。

"丝银之路"

彼得·戈登和胡安·何塞·莫拉莱斯在他们的著作《丝银之路》(The Silver Way)中建议研究16、17世纪中国和西班牙之间的关系。[8] 当时，中国是占主导地位的国家，而西班牙是一个正在崛起的国家。1565—1571年，西班牙在马尼拉建立了殖民地。这次相遇产生了"丝银之路"①——当时中国和西班牙的美洲殖民地之间出现了密集的贸易往来，贸易路线横跨四大洲，通过白银这一媒介联系起来。这个贸易和经济合作网络预示了持续至今的全球化和相互联系。

戈登和莫拉莱斯指出，与似乎限定了二元结果（战争或没有战争）的修昔底德陷阱相比，这一时期的丝银之路提供了第三种可能性：一个持续的合作和全球化进程，既不会导致趋

---

① 从明代中后期到清代中期，西班牙人与中国人开展贸易活动，用白银换取中国的丝绸、瓷器。——译者注

同，也不会导致武装冲突。双方联系紧密，但又各成一体。双方处于一种平衡状态而没有你死我活，尽管这种平衡状态仍然会受到不确定性、破坏性和周期性误解的影响。[9]

回顾过去，展望未来

前文简略提到的案例只是从中国和其他文明的历史宝库中挖掘出的一小部分，这些案例可以为如何让中美关系健康与和平发展提供线索。虽然中国和美国陷入"修昔底德陷阱"的风险很大，但我认为，如果双方能够管控好竞争，同时在共同利益上强调协调、对话与合作，那么陷阱是可以避免的。为了实现这一目标，我们需要采取务实和理性的方法，从双赢而不是零和的角度来理解和讨论中美关系。在这个意义上，我希望本书所分享的观点能够提供一些思考的素材和进一步探索跨越修昔底德陷阱的方法与思路，这代表我们朝着正确的方向迈出了一小步。

关于 CCG

CCG（Center for China and Globalization，全球化智库）是一家中国社会化智库，总部设在北京。作为一家非政府组织，CCG 是最早获得联合国"特别咨商地位"的中国智库。在美国宾夕法尼亚大学《全球智库报告 2020》中，CCG 位列全球顶级智库百强榜第 64 位，进入全球独立智库 50 强行列。在中国工程院与浙江大学研究机构联合发布的 2021 年度《全球智库影响力评价报告》中，CCG 在全球智库 TOP 100 榜单中位列第 26 位，在中国智库 TOP 100 榜单中位列第 7 位，连续两年位列中国社会智库第 1 位。

CCG 是中国领先的国际化社会智库，成立于 2008 年，在国内外有多个分支机构和海外代表，拥有全职智库研究和专业人员百余人，致力于全球化、地缘政治、全球治理、国际经贸、国际关系与全球移民研究。CCG 拥有国家授予的博士后科研工作站，并拥有独立招收博士后的资质。

CCG 在注重自身研究人员培养的同时，打造了由海内外杰出专家学者组成的国际研究网络，持续以国际化的研究视野，在中国与全球化发展相关研究领域开展领先研究。CCG 每年举办近百场智库论坛、圆桌和学术研讨活动。CCG 每年出版 10 余部中英文专著，并研究撰写和发布一系列专题研究报告。CCG 公开向社会共享研究成果，至今出版的相关图书、报告发行上百万册，研究成果的年度网络访问量达数千万次。

CCG 参与推动和影响了诸多国家发展和全球治理的政策，并向中央和国家机关各部委建言献策。CCG 的多项建言获得中央和国家领导人的批示，为有关部门做出重大决策提供了参考，持续支持和推动着政府决策和制度创新。

关于《CCG 对话全球》

CCG 非常感谢艾利森教授在 2021 年 4 月和 2022 年 3 月两次参加《CCG 对话全球》系列节目。艾利森教授与 CCG 理事长王辉耀的两次对话和多次深度交流,以及艾利森教授的研究报告、发表的文章与接受的访谈,是写作本书的重要灵感和材料来源。

CCG 的使命之一是在中国与世界之间搭建起一座桥梁。每年,CCG 都会在北京总部邀请世界各地的众多演讲者发表演说。CCG 还致力于为加强中外学者、商界领袖、决策者和青年人的对话搭建各种专门渠道和平台,包括年度论坛、研讨会和品牌活动,如"中国与全球化论坛""中国企业全球化论坛"等。CCG 代表也频繁参与国际活动,与来自世界各地的人士交流观点。

新冠疫情暴发以来,许多常规的国际互动渠道都被中断了。全球出现卫生危机和经济危机之际，正是对话与合作之时。由于国际会议和外交峰会受到限制，与来自世界各地的学者、智库代表和商业领袖进行面对面交流变得更加困难。

随着疫情的蔓延和地缘政治紧张局势的加剧，我们比以往任何时候都需要冷静和理性的讨论，理解正在发生的重大变化和找到合作之道。世界各地每个人的生活都受到了影响，许多国家经历了多次封锁。像所有人一样，CCG 也在努力适应新情况。CCG 在北京新落成了多媒体中心，以视频连线的形式邀请世界各地的顶尖专家进行对话。尽管隔着千山万水，但 21 世纪的技术仍让我们能够实时交谈，参与者在各大洲的家中或办公室里与我们进行坦诚交流，这给这种在线对话增加了几分"炉边谈话"的亲密感。

打造《CCG 对话全球》系列节目让我们有机会与来自不同国家和具有不同学科背景的专家交流，这可以帮助我们在大背景下理解当前的事件和探寻针对共同挑战的解决方案。《CCG 对话全球》系列节目持续推出，吸引了海内外数百万观众。

自 2021 年《CCG 对话全球》节目启动以来，对话嘉宾的名单越来越丰富，包括著名记者和作家，诺贝尔奖得主，拥有丰富经验的政府前高层官员和多边机构的前领导者，以及国际关系、经贸领域的世界知名学者。除艾利森教授之外，参加对话的嘉宾还有作家和《纽约时报》专栏作者托马斯·弗里德曼，哈佛大学杰出贡献教授、荣誉退休教授约瑟夫·奈，英国《金融时报》首席经济评论员马丁·沃尔夫，美国布鲁金斯学会名誉主席、美国亚洲协会联席主席约翰·桑顿，美国亚洲协会政策研究所副所长、美国前贸易副代表温迪·卡特勒，巴黎和平论坛主席、世界贸易组织前总干事帕斯卡尔·拉米，新加坡国立大学亚洲研究所杰出研究员、新加坡前常驻联合国大使马凯硕，伦敦国王学院刘氏中国研究院院长凯瑞·布朗，哈佛大学艾什民主治理和创新中心主任、哈佛大学教授托尼·赛奇，美国普林斯顿大学亚历山大·斯图尔特1886年经济学和公共事务荣休教授安妮·凯斯，普林斯顿大学公共与国际事务学院高级学者安格斯·迪顿，耶鲁大学史丹利·伍德沃德历史学教授韩森，美国彼得森国际经济研究所所长亚当·波森，美国伍德罗·威尔逊中心基辛格中美关系研究所创始名誉董事、美国前驻华大使芮效俭，中国财政部原副部长、CCG顾问朱光耀，美国前代理助理国务卿董云裳，亚洲协会香港中心主席陈启宗，老布什之子、乔治·布什美中关系基金会的创始人兼主席尼尔·布什，乔治·布什美中关系基金会首席执行官兼总裁方大为，卡特中心首席执行官佩奇·亚历山大，卡特中心高级顾问刘亚伟，约翰斯·霍普金斯大学高级国际关系学院外交政策研究所高级研究员戴维·兰普顿，金砖之父吉姆·奥尼尔，金砖国家新开发银行副行长马磊立，美国战略与国际问题研究所总裁何慕理，耶鲁大学经济学家斯蒂芬·罗奇，约翰斯·霍普金斯大学高级国际关系学院副院长兼赖肖尔东亚研究中心主任肯特·凯尔德，美国前财长、哈佛大学荣誉校长劳伦斯·萨默斯，哈佛大学经济学教授杰森·福尔曼，香港大学经济学教授陈志武，慕安会前主席伊申格尔，美中贸易全国委员会会长克雷格·艾伦，中国国际贸易学会会长金旭，美国商会中国中心主席王杰，世界贸易组织前副总干事易小准，斯坦福大学胡佛研究所高级研究员、原哈佛大学教授尼尔·弗格森，美国前财长、保尔森基金会创始人兼主席亨利·保尔森，万科集团董事局名誉主席、创始人王石，彼得森智库创始人伯格斯滕，美国对外关系委员会会长理查德·哈斯，美国传统基金会创始人埃德温·佛讷，桥水基金创始人瑞·达利欧，卡内基国际和平基金会前副会长包道格，巴黎和平论坛创始人、总干事贾斯汀·瓦伊斯，哈佛大学文理学院前院长柯伟林，以及西班牙前外长、巴黎政治大学国际事务学院院长阿兰查·冈萨雷斯，等等。

  我们发现对话嘉宾与我们分享的观点对理解正在重塑这个世界的发展趋势而言十分宝贵。对话也就如何共同努力打造一个和平、繁荣和更具包容性的后疫情世界碰撞出许多观点。因此，我们热切希望以书籍的形式与大家分享这些对话，让读者了解对话嘉宾的见解，比较他们的观点，以加深对全球化、全球治理和多边主义、世界经济、人类共同面临的跨国威胁以及中美关系等重要议题的理解。

《CCG对话全球》系列的第一卷《CCG对话全球：理解21世纪的全球化、全球不平等和权力转移》(*CCG Global Dialogues: Understanding Globalization, Global Gaps, and Power Shifts in the 21st Century*)有我在2021年4月与格雷厄姆·艾利森对话的完整记录，以及与其他许多专家的对话实录。该书于2022年11月发布，由帕尔格雷夫·麦克米伦出版社出版。在国际政治变得比以往任何时候都更具争议性和更加两极化的时候，我们希望这套丛书能够帮助读者更加详细地、多角度地了解我们这个时代的一些关键主题。

引言

1 Graham Allison, "Thucydides's trap has been sprung in the Pacific," *Financial Times*, August 21, 2012, https://www.ft.com/content/5d695b5a-ead3-11e1-984b-00144feab49a.

2 Graham Allison, "Obama and Xi Must Think Broadly to Avoid a Classic Trap," *New York Times*, June 7, 2013, https://www.nytimes.com/2013/06/07/opinion/obama-and-xi-must-think-broadly-to-avoid-a-classic-trap.html.

3 Nicolas Berggruen and Nathan Gardels, "How The World's Most Powerful Leader Thinks," *HuffPost*, January 21, 2014, https://www.huffpost.com/entry/xi-jinping-davos_n_4639929.

4 Xi Jinping, Speech on China-US relations given at the Welcoming Dinner Hosted by Local Governments and Friendly Organizations in Seattle, September 22, 2015, http://www.china.org.cn/xivisitus2015/2015-09/24/content_36666620.htm.

5 Graham Allison, "The Thucydides's Trap: Are the US and China headed for War?," *The Atlantic*, September 24, 2015, https://www.theatlantic.com/international/archive/2015/09/united-states-china-war-thucydides-trap/406756/.

6　转引自格雷厄姆·艾利森 "War Between China and the United States Isn't Inevitable, But It's Likely," *National Post*, 2018 年 3 月 5 日刊。

7　参见 "A Conversation with General Martin Dempsey"，卡内基国际和平基金会，华盛顿特区，2012 年 5 月 2 日；Martin E. Dempsey 在联合作战会议暨博览会上的演讲和问答，弗吉尼亚州弗吉尼亚比奇市，2012 年 5 月 16 日。

8　参见 Scribe Publications 网站上对 *Destined For War* 一书的推荐，https://scribepublications.co.uk/books-authors/books/destined-for-war-9781911617303.

9　"Schwarzman scholarship aims to help Asia avoid 'Thucydides' trap'," News, *Financial Times*, September 9, 2016, https://www.ft.com/content/7e4c6f94-755b-11e6-bf48-b372cdb1043a.

10　"Year in a Word: Thucydides's trap," Opinion, *Financial Times*, December 19, 2018, https://www.ft.com/content/0e4ddcf4-fc78-11e8-aebf-99e208d3e521.

11　Christopher Mackie, "Malcolm Turnbull, and Thucydides, and All That," *Sydney Morning Herald*, December 17, 2015.

12　Cui Tiankai and Pang Hanzhao, "China-US Relations in China's Overall Diplomacy in the New Era: On China and US Working Together to Build a New-Type Relationship Between Major Countries," *China International Strategy Review 2012*, May 2012, http://en.iiss.pku.edu.cn/info/1059/2481.htm.

13　Qingqing Chen and Yunyi Bai, "Compete and Coexist: US, China could develop new concept of relationship between great nations, Graham Allison says," *Global Times*, December 13, 2020, https://www.globaltimes.cn/content/1209820.shtml.

14　Qingqing Chen and Yunyi Bai, "Compete and Coexist: US, China could develop new concept of relationship between great nations, Graham Allison says," *Global Times*, December 13, 2020, https://www.globaltimes.cn/content/1209820.shtml.

15　基于在 www.cnki.net 上用关键词检索的结果。

16　*Journal of Chinese Political Science* 24, no. 1 (March 2019), Special Issue "Can America and China Escape the Thucydides Trap?," https://link.springer.com/

journal/11366/volumes-and-issues/24-1.

17　Graham Allison, "Preventing Nuclear War: Schelling's Strategies," *Negotiation Journal*, July 23, 2018.

18　"Belfer Center Named World's Best University Think Tank," News, Belfer Center for Science and International Affairs, Harvard Kennedy School, January 26, 2017, https://www.belfercenter.org/publication/belfer-center-named-worlds-best-university-think-tank.

第一章

1　Graham Allison, "The 'Wonder Woman' guide to avoiding war with China: It might take a woman," *USA Today*, July 7, 2017.

2　*Destined for War*, Text Copyright © 2017 by Graham Allison, Published by arrangement with InkWell Management LLC. All rights reserved.

3　*Destined for War*, Text Copyright © 2017 by Graham Allison, Published by arrangement with InkWell Management LLC. All rights reserved.

4　*Destined for War*, Text Copyright © 2017 by Graham Allison, Published by arrangement with InkWell Management LLC. All rights reserved.

5　*Destined for War*, Text Copyright © 2017 by Graham Allison, Published by arrangement with InkWell Management LLC. All rights reserved.

6　Graham Allison, "How to Escape the Thucydides's Trap" speech given at the 2019 Harvard Alumni China Public Policy Forum, Center for China and Globalization, Beijing, March 22, 2019.

7　*Destined for War*, Text Copyright © 2017 by Graham Allison, Published by arrangement with InkWell Management LLC. All rights reserved.

8　读者可以访问贝尔弗中心网站查看全部修昔底德陷阱案例：https://www.belfercenter.org/thucydides-trap/case-file。

9　Graham Allison, "How to Escape the Thucydides's Trap" speech given at the 2019 Harvard Alumni China Public Policy Forum, Center for China and Globalization, Beijing, March 22, 2019.

10　*Destined for War*, Text Copyright © 2017 by Graham Allison, Published by arrangement with InkWell Management LLC. All rights reserved.

11　Graham Allison, "How Trump Could Stumble From a Trade War Into a Real War with China," *The National Interest*, April 20, 2018.

12　Graham Allison, "How to Escape the Thucydides's Trap" speech given at the 2019 Harvard Alumni China Public Policy Forum, Center for China and Globalization, Beijing, March 22, 2019.

13　Graham Allison, "Thucydides's Trap Revisited: Prospects for China-US relations," CCG Global Dialogue with Huiyao Wang and Chen Li, April 6, 2021.

14　Graham Allison, "Thucydides's Trap Revisited: Prospects for China-US relations," CCG Global Dialogue with Huiyao Wang and Chen Li, April 6, 2021.

15　*Destined for War*, Text Copyright © 2017 by Graham Allison, Published by arrangement with InkWell Management LLC. All rights reserved.

第二章

1　Graham Allison, "The US-China Relationship after Coronavirus: Clues from History," in *COVID-19 and World Order*, ed. Hal Brands and Francis J. Gavin (Baltimore: Johns Hopkins University Press, 2020), 392.

2　Graham Allison, "The Great Rivalry: China vs. the U.S. in the 21st Century," Paper, Belfer Center for Science and International Affairs, Harvard Kennedy School, December 7, 2021, https://www.belfercenter.org/publication/great-rivalry-china-vs-us-21st-century.

3　Graham Allison, "Grave New World," *Foreign Policy*, January 15, 2021.

4　James Kynge, "China's high-tech rise sharpens rivalry with the US," *Financial Times*, January 19, 2022, https://www.ft.com/content/aef33e33-523d-4360-981a-2daee579d9b5.

5　National Public Radio, "NPR's Full Conversation With CIA Director William Burns," *NPR News*, July 22, 2021, https://www.npr.org/2021/07/22/1017900583/transcript-nprs-full-conversation-with-cia-director-william-burns.

6　Graham Allison, "Grave New World," *Foreign Policy*, January 15, 2021.

7　Graham Allison, "How to Escape the Thucydides's Trap" speech given at the 2019 Harvard Alumni China Public Policy Forum, Center for China and Globalization, Beijing, March 22, 2019.

8　Graham Allison, "How to Escape the Thucydides's Trap" speech given at the 2019 Harvard Alumni China Public Policy Forum, Center for China and Globalization, Beijing, March 22, 2019.

9　Graham Allison, Nathalie Kiersznowski and Charlotte Fitzek, "The Great Economic Rivalry: China vs the U.S.," Paper, Belfer Center for Science and International Affairs, Harvard Kennedy School, March 23, 2022.

10　Graham Allison, "China's anti-poverty drive has lessons for all," *China Daily*, August 11, 2018, http://www.chinadaily.com.cn/a/201808/11/WS5b6e33cfa310add14f38532c.html.

11　Graham Allison, "Thucydides's Trap Revisited: Prospects for China-US relations," CCG Global Dialogue with Huiyao Wang and Chen Li, April 6, 2021.

12　Graham Allison, "The US-China Relationship after Coronavirus: Clues from History," in *COVID-19 and World Order*, ed. Hal Brands and Francis J. Gavin (Baltimore: Johns Hopkins University Press, 2020), 391.

13　Graham Allison, "The Great Rivalry: China vs. the U.S. in the 21st Century," Paper, Belfer Center for Science and International Affairs, Harvard Kennedy School, December 7, 2021.

14 Graham Allison, "How to Escape the Thucydides's Trap" speech given at the 2019 Harvard Alumni China Public Policy Forum, Center for China and Globalization, Beijing, March 22, 2019.

15 Graham Allison, "The Geopolitical Olympics: Could China Win Gold?," *The National Interest*, July 29, 2021.

16 Graham Allison, "Grave New World," *Foreign Policy*, January 15, 2021.

17 Graham Allison, "China, America and the Thucydides's Trap: An interview with Graham Allison," *Lowy Institute for International Policy*, August 23, 2017.

18 Graham Allison, "China's anti-poverty drive has lessons for all," *China Daily*, August 11, 2018, http://www.chinadaily.com.cn/a/201808/11/WS5b6e33cfa310add14f38532c.html.

19 Graham Allison, "China's geopolitics are pumped up by its economic success," *Financial Times*, October 4, 2020.

20 Graham Allison, Nathalie Kiersznowski and Charlotte Fitzek, "The Great Economic Rivalry: China vs the U.S.," Paper, Belfer Center for Science and International Affairs, Harvard Kennedy School, March 23, 2022.

21 Graham Allison, "Grave New World," *Foreign Policy*, January 15, 2021.

22 Graham Allison, "China Is Now the World's Largest Economy. We Shouldn't Be Shocked.," *The National Interest*, October 15, 2020.

23 Graham Allison, Nathalie Kiersznowski and Charlotte Fitzek, "The Great Economic Rivalry: China vs the U.S.," Paper, Belfer Center for Science and International Affairs, Harvard Kennedy School, March 23, 2022.

24 Graham Allison, "The US-China Relationship after Coronavirus: Clues from History," in *COVID-19 and World Order*, ed. Hal Brands and Francis J. Gavin (Baltimore: Johns Hopkins University Press, 2020), 391.

25 Graham Allison, Nathalie Kiersznowski and Charlotte Fitzek, "The Great Economic Rivalry: China vs the U.S.," Paper, Belfer Center for Science and

International Affairs, Harvard Kennedy School, March 23, 2022.

26 Graham Allison, "The Geopolitical Olympics: Could China Win Gold?," *The National Interest*, July 29, 2021.

27 Graham Allison, "The New Spheres of Influence," *Foreign Affairs*, March/April 2020.

28 Graham Allison, Nathalie Kiersznowski and Charlotte Fitzek, "The Great Economic Rivalry: China vs the U.S.," Paper, Belfer Center for Science and International Affairs, Harvard Kennedy School, March 23, 2022.

29 Graham Allison, Nathalie Kiersznowski and Charlotte Fitzek, "The Great Economic Rivalry: China vs the U.S.," Paper, Belfer Center for Science and International Affairs, Harvard Kennedy School, March 23, 2022.

30 Graham Allison, Nathalie Kiersznowski and Charlotte Fitzek, "The Great Economic Rivalry: China vs the U.S.," Paper, Belfer Center for Science and International Affairs, Harvard Kennedy School, March 23, 2022.

31 Graham Allison, Nathalie Kiersznowski and Charlotte Fitzek, "The Great Economic Rivalry: China vs the U.S.," Paper, Belfer Center for Science and International Affairs, Harvard Kennedy School, March 23, 2022.

32 Graham Allison, Nathalie Kiersznowski and Charlotte Fitzek, "The Great Economic Rivalry: China vs the U.S.," Paper, Belfer Center for Science and International Affairs, Harvard Kennedy School, March 23, 2022.

33 Graham Allison, Nathalie Kiersznowski and Charlotte Fitzek, "The Great Economic Rivalry: China vs the U.S.," Paper, Belfer Center for Science and International Affairs, Harvard Kennedy School, March 23, 2022.

34 Graham Allison, Nathalie Kiersznowski and Charlotte Fitzek, "The Great Economic Rivalry: China vs the U.S.," Paper, Belfer Center for Science and International Affairs, Harvard Kennedy School, March 23, 2022.

35 Graham Allison, Nathalie Kiersznowski and Charlotte Fitzek, "The Great

Economic Rivalry: China vs the U.S.," Paper, Belfer Center for Science and International Affairs, Harvard Kennedy School, March 23, 2022.

36 Graham Allison, Nathalie Kiersznowski and Charlotte Fitzek, "The Great Economic Rivalry: China vs the U.S.," Paper, Belfer Center for Science and International Affairs, Harvard Kennedy School, March 23, 2022.

37 Graham Allison, Nathalie Kiersznowski and Charlotte Fitzek, "The Great Economic Rivalry: China vs the U.S.," Paper, Belfer Center for Science and International Affairs, Harvard Kennedy School, March 23, 2022.

38 Graham Allison, Nathalie Kiersznowski and Charlotte Fitzek, "The Great Economic Rivalry: China vs the U.S.," Paper, Belfer Center for Science and International Affairs, Harvard Kennedy School, March 23, 2022.

39 Graham Allison, Nathalie Kiersznowski and Charlotte Fitzek, "The Great Economic Rivalry: China vs the U.S.," Paper, Belfer Center for Science and International Affairs, Harvard Kennedy School, March 23, 2022.

40 Graham Allison, Nathalie Kiersznowski and Charlotte Fitzek, "The Great Economic Rivalry: China vs the U.S.," Paper, Belfer Center for Science and International Affairs, Harvard Kennedy School, March 23, 2022.

41 Graham Allison, Nathalie Kiersznowski and Charlotte Fitzek, "The Great Economic Rivalry: China vs the U.S.," Paper, Belfer Center for Science and International Affairs, Harvard Kennedy School, March 23, 2022.

42 Graham Allison, Nathalie Kiersznowski and Charlotte Fitzek, "The Great Economic Rivalry: China vs the U.S.," Paper, Belfer Center for Science and International Affairs, Harvard Kennedy School, March 23, 2022.

43 Graham Allison, Nathalie Kiersznowski and Charlotte Fitzek, "The Great Economic Rivalry: China vs the U.S.," Paper, Belfer Center for Science and International Affairs, Harvard Kennedy School, March 23, 2022.

44 Graham Allison, "Beyond Trade: The Confrontation Between the U.S. and China,"

The Security Times, February 2020.

45 Graham Allison, Nathalie Kiersznowski and Charlotte Fitzek, "The Great Economic Rivalry: China vs the U.S.," Paper, Belfer Center for Science and International Affairs, Harvard Kennedy School, March 23, 2022.

46 Graham Allison, Nathalie Kiersznowski and Charlotte Fitzek, "The Great Economic Rivalry: China vs the U.S.," Paper, Belfer Center for Science and International Affairs, Harvard Kennedy School, March 23, 2022.

47 Graham Allison, Nathalie Kiersznowski and Charlotte Fitzek, "The Great Economic Rivalry: China vs the U.S.," Paper, Belfer Center for Science and International Affairs, Harvard Kennedy School, March 23, 2022.

48 Graham Allison, Kevin Klyman, Karina Barbesino and Hugo Yen, "The Great Tech Rivalry: China vs the U.S.," Paper, Belfer Center for Science and International Affairs, Harvard Kennedy School, December 7, 2021.

49 Graham Allison, "The Future of Great Power Relations: How Can the US and China Co-Exist?," CCG Global Dialogue with Huiyao Wang, March 3, 2022.

50 Graham Allison, Kevin Klyman, Karina Barbesino and Hugo Yen, "The Great Tech Rivalry: China vs the U.S.," Paper, Belfer Center for Science and International Affairs, Harvard Kennedy School, December 7, 2021.

51 Graham Allison, Kevin Klyman, Karina Barbesino and Hugo Yen, "The Great Tech Rivalry: China vs the U.S.," Paper, Belfer Center for Science and International Affairs, Harvard Kennedy School, December 7, 2021.

52 Graham Allison, Kevin Klyman, Karina Barbesino and Hugo Yen, "The Great Tech Rivalry: China vs the U.S.," Paper, Belfer Center for Science and International Affairs, Harvard Kennedy School, December 7, 2021.

53 "Graham Allison: Science-driven technologies will be key drivers of economic growth," interview by Credit Suisse China Investment Conference, October 21, 2020, https://www.credit-suisse.com/microsites/conferences/china-investment-

conference/en/blog/graham-allison-science-driven-technologies-will-be-key-drivers-of-economic-growth.html.

54 Graham Allison, "The Future of Great Power Relations: How Can the US and China Co-Exist?," CCG Global Dialogue with Huiyao Wang, March 3, 2022.

55 Graham Allison and Jonah Glick-Unterman, "The Great Military Rivalry: China vs the U.S.," Paper, Belfer Center for Science and International Affairs, Harvard Kennedy School, December 16, 2021.

56 Graham Allison and Eric Schmidt, "Is China Beating the U.S. to AI Supremacy?," *The National Interest*, December 22, 2019, https://nationalinterest.org/feature/china-beating-america-ai-supremacy-106861.

57 Graham Allison, Kevin Klyman, Karina Barbesino and Hugo Yen, "The Great Tech Rivalry: China vs the U.S.," Paper, Belfer Center for Science and International Affairs, Harvard Kennedy School, December 7, 2021.

58 Graham Allison, Kevin Klyman, Karina Barbesino and Hugo Yen, "The Great Tech Rivalry: China vs the U.S.," Paper, Belfer Center for Science and International Affairs, Harvard Kennedy School, December 7, 2021.

59 Graham Allison, Kevin Klyman, Karina Barbesino and Hugo Yen, "The Great Tech Rivalry: China vs the U.S.," Paper, Belfer Center for Science and International Affairs, Harvard Kennedy School, December 7, 2021.

60 Graham Allison and Eric Schmidt, "Is China Beating the U.S. to AI Supremacy?," *The National Interest*, December 22, 2019, https://nationalinterest.org/feature/china-beating-america-ai-supremacy-106861.

61 Graham Allison and Eric Schmidt, "Is China Beating the U.S. to AI Supremacy?," *The National Interest*, December 22, 2019, https://nationalinterest.org/feature/china-beating-america-ai-supremacy-106861.

62 Graham Allison, Kevin Klyman, Karina Barbesino and Hugo Yen, "The Great Tech Rivalry: China vs the U.S.," Paper, Belfer Center for Science and International

Affairs, Harvard Kennedy School, December 7, 2021.

63 Graham Allison and Eric Schmidt, "Is China Beating the U.S. to AI Supremacy?," *The National Interest*, December 22, 2019, https://nationalinterest.org/feature/china-beating-america-ai-supremacy-106861.

64 Graham Allison and Eric Schmidt, "Is China Beating the U.S. to AI Supremacy?," *The National Interest*, December 22, 2019, https://nationalinterest.org/feature/china-beating-america-ai-supremacy-106861.

65 Graham Allison and Eric Schmidt, "Is China Beating the U.S. to AI Supremacy?," *The National Interest*, December 22, 2019, https://nationalinterest.org/feature/china-beating-america-ai-supremacy-106861.

66 Graham Allison and Eric Schmidt, "Is China Beating the U.S. to AI Supremacy?," *The National Interest*, December 22, 2019, https://nationalinterest.org/feature/china-beating-america-ai-supremacy-106861.

67 Graham Allison and Eric Schmidt, "Is China Beating the U.S. to AI Supremacy?," *The National Interest*, December 22, 2019, https://nationalinterest.org/feature/china-beating-america-ai-supremacy-106861.

68 Graham Allison, Kevin Klyman, Karina Barbesino and Hugo Yen, "The Great Tech Rivalry: China vs the U.S.," Paper, Belfer Center for Science and International Affairs, Harvard Kennedy School, December 7, 2021.

69 Graham Allison, Kevin Klyman, Karina Barbesino and Hugo Yen, "The Great Tech Rivalry: China vs the U.S.," Paper, Belfer Center for Science and International Affairs, Harvard Kennedy School, December 7, 2021.

70 Graham Allison, Kevin Klyman, Karina Barbesino and Hugo Yen, "The Great Tech Rivalry: China vs the U.S.," Paper, Belfer Center for Science and International Affairs, Harvard Kennedy School, December 7, 2021.

71 Graham Allison and Eric Schmidt, "China's 5G Soars Over America's," *The Wall Street Journal*, February 16, 2022.

72　Graham Allison, "The Future of Great Power Relations: How Can the US and China Co-Exist?," CCG Global Dialogue with Huiyao Wang, March 3, 2022.

73　Graham Allison, Kevin Klyman, Karina Barbesino and Hugo Yen, "The Great Tech Rivalry: China vs the U.S.," Paper, Belfer Center for Science and International Affairs, Harvard Kennedy School, December 7, 2021.

74　Graham Allison and Eric Schmidt, "China's 5G Soars Over America's," *The Wall Street Journal*, February 16, 2022.

75　Graham Allison, Kevin Klyman, Karina Barbesino and Hugo Yen, "The Great Tech Rivalry: China vs the U.S.," Paper, Belfer Center for Science and International Affairs, Harvard Kennedy School, December 7, 2021.

76　Graham Allison, Kevin Klyman, Karina Barbesino and Hugo Yen, "The Great Tech Rivalry: China vs the U.S.," Paper, Belfer Center for Science and International Affairs, Harvard Kennedy School, December 7, 2021.

77　Graham Allison, Kevin Klyman, Karina Barbesino and Hugo Yen, "The Great Tech Rivalry: China vs the U.S.," Paper, Belfer Center for Science and International Affairs, Harvard Kennedy School, December 7, 2021.

78　Graham Allison, Kevin Klyman, Karina Barbesino and Hugo Yen, "The Great Tech Rivalry: China vs the U.S.," Paper, Belfer Center for Science and International Affairs, Harvard Kennedy School, December 7, 2021.

79　Graham Allison and Eric Schmidt, "China Will Soon Lead the U.S. in Tech," *The Wall Street Journal*, December 7, 2021.

80　Graham Allison and Eric Schmidt, "Semiconductor Dependency Imperils American Security," *The Wall Street Journal*, June 20, 2022.

81　Graham Allison, Kevin Klyman, Karina Barbesino and Hugo Yen, "The Great Tech Rivalry: China vs the U.S.," Paper, Belfer Center for Science and International Affairs, Harvard Kennedy School, December 7, 2021.

82　Graham Allison, Kevin Klyman, Karina Barbesino and Hugo Yen, "The Great Tech

Rivalry: China vs the U.S.," Paper, Belfer Center for Science and International Affairs, Harvard Kennedy School, December 7, 2021.

83 Graham Allison, Kevin Klyman, Karina Barbesino and Hugo Yen, "The Great Tech Rivalry: China vs the U.S.," Paper, Belfer Center for Science and International Affairs, Harvard Kennedy School, December 7, 2021.

84 Graham Allison, Kevin Klyman, Karina Barbesino and Hugo Yen, "The Great Tech Rivalry: China vs the U.S.," Paper, Belfer Center for Science and International Affairs, Harvard Kennedy School, December 7, 2021.

85 Graham Allison, Kevin Klyman, Karina Barbesino and Hugo Yen, "The Great Tech Rivalry: China vs the U.S.," Paper, Belfer Center for Science and International Affairs, Harvard Kennedy School, December 7, 2021.

86 Graham Allison and Eric Schmidt, "Semiconductor Dependency Imperils American Security," *The Wall Street Journal*, June 20, 2022.

87 Graham Allison, Kevin Klyman, Karina Barbesino and Hugo Yen, "The Great Tech Rivalry: China vs the U.S.," Paper, Belfer Center for Science and International Affairs, Harvard Kennedy School, December 7, 2021.

88 Graham Allison, Kevin Klyman, Karina Barbesino and Hugo Yen, "The Great Tech Rivalry: China vs the U.S.," Paper, Belfer Center for Science and International Affairs, Harvard Kennedy School, December 7, 2021.

89 Graham Allison, Kevin Klyman, Karina Barbesino and Hugo Yen, "The Great Tech Rivalry: China vs the U.S.," Paper, Belfer Center for Science and International Affairs, Harvard Kennedy School, December 7, 2021.

90 Graham Allison, Kevin Klyman, Karina Barbesino and Hugo Yen, "The Great Tech Rivalry: China vs the U.S.," Paper, Belfer Center for Science and International Affairs, Harvard Kennedy School, December 7, 2021.

91 Graham Allison, Kevin Klyman, Karina Barbesino and Hugo Yen, "The Great Tech Rivalry: China vs the U.S.," Paper, Belfer Center for Science and International

Affairs, Harvard Kennedy School, December 7, 2021.

92 Graham Allison, Kevin Klyman, Karina Barbesino and Hugo Yen, "The Great Tech Rivalry: China vs the U.S.," Paper, Belfer Center for Science and International Affairs, Harvard Kennedy School, December 7, 2021.

93 Graham Allison, Kevin Klyman, Karina Barbesino and Hugo Yen, "The Great Tech Rivalry: China vs the U.S.," Paper, Belfer Center for Science and International Affairs, Harvard Kennedy School, December 7, 2021.

94 Graham Allison and Eric Schmidt, "The U.S. Needs a Million Talents Program to Retain Technology Leadership," *Foreign Policy*, July 16, 2022.

95 Graham Allison and Eric Schmidt, "The U.S. Needs a Million Talents Program to Retain Technology Leadership," *Foreign Policy*, July 16, 2022.

96 Graham Allison, Nathalie Kiersznowski and Charlotte Fitzek, "The Great Economic Rivalry: China vs the U.S.," Paper, Belfer Center for Science and International Affairs, Harvard Kennedy School, March 23, 2022.

97 Graham Allison, Kevin Klyman, Karina Barbesino and Hugo Yen, "The Great Tech Rivalry: China vs the U.S.," Paper, Belfer Center for Science and International Affairs, Harvard Kennedy School, December 7, 2021.

98 Graham Allison, Kevin Klyman, Karina Barbesino and Hugo Yen, "The Great Tech Rivalry: China vs the U.S.," Paper, Belfer Center for Science and International Affairs, Harvard Kennedy School, December 7, 2021.

99 Graham Allison, Kevin Klyman, Karina Barbesino and Hugo Yen, "The Great Tech Rivalry: China vs the U.S.," Paper, Belfer Center for Science and International Affairs, Harvard Kennedy School, December 7, 2021.

100 Graham Allison, Kevin Klyman, Karina Barbesino and Hugo Yen, "The Great Tech Rivalry: China vs the U.S.," Paper, Belfer Center for Science and International Affairs, Harvard Kennedy School, December 7, 2021.

101 Graham Allison, Kevin Klyman, Karina Barbesino and Hugo Yen, "The Great Tech

Rivalry: China vs the U.S.," Paper, Belfer Center for Science and International Affairs, Harvard Kennedy School, December 7, 2021.

102 Graham Allison and Jonah Glick-Unterman, "The Great Military Rivalry: China vs the U.S.," Paper, Belfer Center for Science and International Affairs, Harvard Kennedy School, December 16, 2021.

103 Graham Allison and Jonah Glick-Unterman, "The Great Military Rivalry: China vs the U.S.," Paper, Belfer Center for Science and International Affairs, Harvard Kennedy School, December 16, 2021.

104 Graham Allison and Jonah Glick-Unterman, "The Great Military Rivalry: China vs the U.S.," Paper, Belfer Center for Science and International Affairs, Harvard Kennedy School, December 16, 2021.

105 Graham Allison and Jonah Glick-Unterman, "The Great Military Rivalry: China vs the U.S.," Paper, Belfer Center for Science and International Affairs, Harvard Kennedy School, December 16, 2021.

106 Graham Allison and Jonah Glick-Unterman, "The Great Military Rivalry: China vs the U.S.," Paper, Belfer Center for Science and International Affairs, Harvard Kennedy School, December 16, 2021.

107 Graham Allison, Alyssa Resar and Karina Barbesino, "The Great Diplomatic Rivalry: China vs the U.S.," Paper, Belfer Center for Science and International Affairs, Harvard Kennedy School, August 2022.

108 Graham Allison, Alyssa Resar and Karina Barbesino, "The Great Diplomatic Rivalry: China vs the U.S.," Paper, Belfer Center for Science and International Affairs, Harvard Kennedy School, August 2022.

109 Graham Allison, Alyssa Resar and Karina Barbesino, "The Great Diplomatic Rivalry: China vs the U.S.," Paper, Belfer Center for Science and International Affairs, Harvard Kennedy School, August 2022.

110 Graham Allison, Alyssa Resar and Karina Barbesino, "The Great Diplomatic

Rivalry: China vs the U.S.," Paper, Belfer Center for Science and International Affairs, Harvard Kennedy School, August 2022.

111 Graham Allison, Alyssa Resar and Karina Barbesino, "The Great Diplomatic Rivalry: China vs the U.S.," Paper, Belfer Center for Science and International Affairs, Harvard Kennedy School, August 2022.

112 Graham Allison, Alyssa Resar and Karina Barbesino, "The Great Diplomatic Rivalry: China vs the U.S.," Paper, Belfer Center for Science and International Affairs, Harvard Kennedy School, August 2022.

113 Graham Allison, Alyssa Resar and Karina Barbesino, "The Great Diplomatic Rivalry: China vs the U.S.," Paper, Belfer Center for Science and International Affairs, Harvard Kennedy School, August 2022.

114 Graham Allison, Alyssa Resar and Karina Barbesino, "The Great Diplomatic Rivalry: China vs the U.S.," Paper, Belfer Center for Science and International Affairs, Harvard Kennedy School, August 2022.

115 Graham Allison, "The Myth of the Liberal Order," *Foreign Affairs*, July/August 2018.

116 Graham Allison, "The New Spheres of Influence," *Foreign Affairs*, March/April 2020.

117 Graham Allison, "The New Spheres of Influence," *Foreign Affairs*, March/April 2020.

118 Graham Allison, "The New Spheres of Influence," *Foreign Affairs*, March/April 2020.

119 Qingqing Chen and Yunyi Bai, "Compete and Coexist: US, China could develop new concept of relationship between great nations, Graham Allison says," *Global Times*, December 13, 2020, https://www.globaltimes.cn/content/1209820.shtml.

120 Graham Allison, "Thucydides's Trap Revisited: Prospects for China-US relations," CCG Global Dialogue with Huiyao Wang and Chen Li, April 6, 2021.

121 Graham Allison, "Could the United States and China Be Rivalry Partners?," *The National Interest*, July 7, 2019.

122 Graham Allison, "Could the United States and China Be Rivalry Partners?," *The National Interest*, July 7, 2019.

第三章

1 Graham Allison, "Taiwan, Thucydides, and U.S.-China War," *The National Interest*, August 5, 2022, https://nationalinterest.org/feature/taiwan-thucydides-and-us-china-war-204060.

2 Carl von Clausewitz, *On War*. Translated by J. J. Graham (London and Knoxville: Wordsworth Editions, 1997).

3 *Destined for War*, Text Copyright © 2017 by Graham Allison, Published by arrangement with InkWell Management LLC. All rights reserved.

4 Graham Allison, "How to Escape the Thucydides's Trap" speech given at the 2019 Harvard Alumni China Public Policy Forum, Center for China and Globalization, Beijing, March 22, 2019.

5 Graham Allison, "Beyond Trade: The Confrontation Between the U.S. and China," *The Security Times*, February 2020.

6 Graham Allison, "How to Escape the Thucydides's Trap" speech given at the 2019 Harvard Alumni China Public Policy Forum, Center for China and Globalization, Beijing, March 22, 2019.

7 Graham Allison, "How to Escape the Thucydides's Trap" speech given at the 2019 Harvard Alumni China Public Policy Forum, Center for China and Globalization, Beijing, March 22, 2019.

8 Graham Allison, "How to Escape the Thucydides's Trap" speech given at the 2019 Harvard Alumni China Public Policy Forum, Center for China and Globalization,

Beijing, March 22, 2019.

9 Graham Allison, "Thucydides's Trap Revisited: Prospects for China-US relations," CCG Global Dialogue with Huiyao Wang and Chen Li, April 6, 2021.

10 Graham Allison, "Joe Biden's Challenge: How to Avoid A U.S.-China War," *The National Interest*, December 18, 2020.

11 Qingqing Chen and Yunyi Bai, "Compete and Coexist: US, China could develop new concept of relationship between great nations, Graham Allison says," *Global Times*, December 13, 2020, https://www.globaltimes.cn/content/1209820.shtml.

12 "Graham Allison: Avoiding A Sino-American War," News, Asahi Shimbun, December 22, 2017.

13 Graham Allison, "China Vs. America," *Foreign Affairs*, August 15, 2017.

14 Graham Allison, "China Vs. America," *Foreign Affairs*, August 15, 2017.

15 Graham Allison, "China Vs. America," *Foreign Affairs*, August 15, 2017.

16 *Destined for War*, Text Copyright © 2017 by Graham Allison, Published by arrangement with InkWell Management LLC. All rights reserved.

17 *Destined for War*, Text Copyright © 2017 by Graham Allison, Published by arrangement with InkWell Management LLC. All rights reserved.

18 Graham Allison, "How to Escape the Thucydides's Trap" speech given at the 2019 Harvard Alumni China Public Policy Forum, Center for China and Globalization, Beijing, March 22, 2019.

19 Graham Allison, "The Future of Great Power Relations: How Can the US and China Co-Exist?," CCG Global Dialogue with Huiyao Wang, March 3, 2022.

20 Graham Allison, "Thucydides's Trap Revisited: Prospects for China-US relations," CCG Global Dialogue with Huiyao Wang and Chen Li, April 6, 2021.

21 Graham Allison, "Thucydides's Trap Revisited: Prospects for China-US relations," CCG Global Dialogue with Huiyao Wang and Chen Li, April 6, 2021.

22 Graham Allison, "The Future of Great Power Relations: How Can the US and

China Co-Exist?," CCG Global Dialogue with Huiyao Wang, March 3, 2022.

23 Graham Allison, "The US-China Relationship after Coronavirus: Clues from History," in *COVID-19 and World Order*, ed. Hal Brands and Francis J. Gavin (Baltimore: Johns Hopkins University Press, 2020): 390-391.

24 Qingqing Chen and Yunyi Bai, "Compete and Coexist: US, China could develop new concept of relationship between great nations, Graham Allison says," *Global Times*, December 13, 2020, https://www.globaltimes.cn/content/1209820.shtml.

25 Graham Allison, "The Future of Great Power Relations: How Can the US and China Co-Exist?," CCG Global Dialogue with Huiyao Wang, March 3, 2022.

26 Graham Allison, "How to Escape the Thucydides's Trap" speech given at the 2019 Harvard Alumni China Public Policy Forum, Center for China and Globalization, Beijing, March 22, 2019.

27 Wenwen Wang, "Biden presidency will not be a third Obama term administration: Graham Allison," *Global Times*, November 23, 2020, https://www.globaltimes.cn/content/1207739.shtml.

28 Wenwen Wang, "Biden presidency will not be a third Obama term administration: Graham Allison," *Global Times*, November 23, 2020, https://www.globaltimes.cn/content/1207739.shtml.

29 Ambassador Cui Tiankai's Dialogue with Professor Graham Allison at the Annual Conference of the Institute for China-America Studies, December 3, 2020, http://us.china-embassy.gov.cn/eng./zmgxs/202012/t20201205_4371685.htm.

30 Ambassador Cui Tiankai's Dialogue with Professor Graham Allison at the Annual Conference of the Institute for China-America Studies, December 3, 2020, http://us.china-embassy.gov.cn/eng./zmgxs/202012/t20201205_4371685.htm.

31 Wenwen Wang, "Biden presidency will not be a third Obama term administration: Graham Allison," *Global Times*, November 23, 2020, https://www.globaltimes.cn/content/1207739.shtml.

32　Graham Allison, "Chinese Content to Play the Long Game," *Herald Sun*, July 11, 2017.

33　Graham Allison, "Beyond Trade: The Confrontation Between the U.S. and China," *The Security Times*, February 2020.

34　Wenwen Wang, "Biden admin needs two contradictory minds to deal with China challenge: Graham Allison," *Global Times*, September 26, 2021, https://www.globaltimes.cn/page/202109/1235155.shtml.

35　Graham Allison, "Could Donald Trump's War Against Huawei Trigger a Real War With China?," *The National Interest*, June 11, 2020.

第四章

1　Henry Kissinger, *The White House Years* (New York: Simon & Schuster, 2011; first published by Little Brown and Company in 1979).

2　Winston Churchill, 1874–1965, British Conservative statesman, Prime Minister 1940–5 and 1951–5, in *Oxford Essential Quotations*, 4th ed., https://www.oxfordreference.com/display/10.1093/acref/9780191826719.001.0001/q-oro-ed4-00002969.

3　Graham Allison, "How to Escape the Thucydides's Trap" speech given at the 2019 Harvard Alumni China Public Policy Forum, Center for China and Globalization, Beijing, March 22, 2019.

4　Graham Allison, "Thucydides's Trap Revisited: Prospects for China-US relations," CCG Global Dialogue with Huiyao Wang and Chen Li, April 6, 2021.

5　Graham Allison and Niall Ferguson, "Why the President Needs a Council of Historians," *The Atlantic*, September 2016.

6　*Destined for War*, Text Copyright © 2017 by Graham Allison, Published by arrangement with InkWell Management LLC. All rights reserved.

7　Graham Allison and Niall Ferguson, "Why the President Needs a Council of

Historians," *The Atlantic*, September 2016.

8   Graham Allison and Niall Ferguson, "Why the President Needs a Council of Historians," *The Atlantic*, September 2016.

9   Graham Allison, "The Key to Henry Kissinger's Success," *The Atlantic*, November 27, 2015.

10 Graham Allison, "Thucydides's Trap Revisited: Prospects for China-US relations," CCG Global Dialogue with Huiyao Wang and Chen Li, April 6, 2021.

11 Graham Allison, "US-China ties: Averting the grandest collision of all," *The Straits Times*, March 20, 2023.

12 Graham Allison, "Could the United States and China Be Rivalry Partners?," *The National Interest*, July 7, 2019.

13 Qingqing Chen and Yunyi Bai, "Compete and Coexist: US, China could develop new concept of relationship between great nations, Graham Allison says," *Global Times*, December 13, 2020, https://www.globaltimes.cn/page/202012/1209820.shtml.

14 Graham Allison, "JFK's Clue for U.S.-China Relations," *China Daily*, December 17, 2018.

15 Graham Allison, "Could the United States and China Be Rivalry Partners?," *The National Interest*, 2019.

16 Graham Allison, "JFK's Clue for U.S.-China Relations," *China Daily*, December 17, 2018.

17 Graham Allison, "How to Escape the Thucydides's Trap" speech given at the 2019 Harvard Alumni China Public Policy Forum, Center for China and Globalization, Beijing, March 22, 2019.

18 Qingqing Chen and Yunyi Bai, "Compete and Coexist: US, China could develop new concept of relationship between great nations, Graham Allison says," *Global Times*, December 13, 2020, https://www.globaltimes.cn/page/202012/1209820.shtml.

19 Qingqing Chen and Yunyi Bai, "Compete and Coexist: US, China could develop new concept of relationship between great nations, Graham Allison says," *Global Times*, December 13, 2020, https://www.globaltimes.cn/content/1209820.shtml.

20 Graham Allison, "The Future of Great Power Relations: How Can the US and China Co-Exist?," CCG Global Dialogue with Huiyao Wang, March 3, 2022.

21 Graham Allison and Eric Schmidt, "Is China Beating the U.S. to AI Supremacy?," *The National Interest*, December 22, 2019, https://nationalinterest.org/feature/china-beating-america-ai-supremacy-106861.

22 Graham Allison, "How to Escape the Thucydides's Trap" speech given at the 2019 Harvard Alumni China Public Policy Forum, Center for China and Globalization, Beijing, March 22, 2019.

23 Graham Allison and Eric Schmidt, "Is China Beating the U.S. to AI Supremacy?," *The National Interest*, December 22, 2019, https://nationalinterest.org/feature/china-beating-america-ai-supremacy-106861.

24 Graham Allison, "Could the United States and China Be Rivalry Partners?," *The National Interest*, July 7, 2019.

25 Graham Allison, "Thucydides's Trap Revisited: Prospects for China-US relations," CCG Global Dialogue with Huiyao Wang and Chen Li, April 6, 2021.

26 Graham Allison, "Thucydides's Trap Revisited: Prospects for China-US relations," CCG Global Dialogue with Huiyao Wang and Chen Li, April 6, 2021.

27 Graham Allison, "Could the United States and China Be Rivalry Partners?," *The National Interest*, July 7, 2019.

28 Graham Allison, "Could the United States and China Be Rivalry Partners?," *The National Interest*, July 7, 2019.

29 Graham Allison, "Could the United States and China Be Rivalry Partners?," *The National Interest*, July 7, 2019.

30 Graham Allison, "The Cuban Missile Crisis at 50," *Foreign Affairs*, July/August

2012, https://www.foreignaffairs.com/articles/cuba/2012-07-01/cuban-missile-crisis-50.

31　Graham Allison, "How to Escape the Thucydides's Trap" speech given at the 2019 Harvard Alumni China Public Policy Forum, Center for China and Globalization, Beijing, March 22, 2019.

32　Wenwen Wang, "Biden presidency will not be a third Obama term administration: Graham Allison," *Global Times*, November 23, 2020, https://www.globaltimes.cn/content/1207739.shtml.

33　Graham Allison, "The Cuban Missile Crisis at 50," *Foreign Affairs*, July/August 2012.

34　Graham Allison, "The Cuban Missile Crisis at 50," *Foreign Affairs*, July/August 2012.

后记

1　Joseph Nye, "The Kindleberger Trap," *Project Syndicate*, January 9, 2017.

2　Yuan Yang, "Escape both the 'Thucydides Trap' and the 'Churchill Trap': Finding a Third Type of Great Power Relations under the Bipolar System," *The Chinese Journal of International Politics* 11, no. 2 (Summer 2018): 193—235.

3　Victor Davis Hanson, "A Voice from the Past: General Thucydides Speaks about the War," in *National Review Online*, November 27, 2001, reproduced in Victor Davis Hanson, *An Autumn of War: What America Learned from September 11 and the War on Terrorism* (New York: Anchor Books, 2002).

4　Joseph. H. Lane, Jr., "Thucydides Beyond the Cold War: The Recurrence of Relevance in the Classical Historians," *Poroi* 4, no. 2 (2005): 52-90.

5　Feng Zhang et al., "Thucydides Trap not etched in stone," *China Daily*, August 20, 2015, http://www.chinadaily.com.cn/opinion/2015-08/20/content_21655686.htm.

6. John Sullivan, "Trapped By Thucydides? Updating The Strategic Canon For A Sinocentric Era," *War On The Rocks*, December 28, 2020, https://warontherocks.com/2020/12/trapped-by-thucydides-updating-the-strategic-canon-for-a-sinocentric-era/.
7. Feng Zhang et al., "Thucydides Trap Not Etched in Stone," *China Daily*, August 20, 2015, http://www.chinadaily.com.cn/opinion/2015-08/20/content_21655686.htm.
8. Peter Gordon and Juan José Morales, *The Silver Way: China, Spanish America and the Birth of Globalization, 1565–1815* (London: Penguin Books, 2017).
9. Peter Gordon and Juan José Morales, "The 'Silver Way': An Alternative to 'Thucydides Trap'," *The Diplomat*, June 19, 2017, https://thediplomat.com/2017/06/the-silver-way-an-alternative-to-thucydides-trap/.